베란다의 봄

배환봉 수필집

베란다의 봄

수필과비평사

· 작가의 말 ·

'시작은 반드시 끝을 동반한다.'는 것은 누구나 아는 말이지만, 근래 들어 시작이 있으면 끝이 있다는 말이 새삼 철학의 한 구절처럼 들리는 건 무엇 때문인가? 안타까움인지 홀가분함인지 가늠하기가 쉽지 않다.

그래도 지난 세월이 뒤돌아 보이는 건 아쉬움 쪽일지도 모르겠다.

생각해 보면 책을 출간하는 일이 인생의 대단한 과제도 아닌데, 그래서 나도 시집 한 권씩 낼 때마다 그 의미를 가끔씩 스스로 따지곤 하면서도 그럭저럭 시집을 몇 권 냈다.

그렇게 마무리하려고 생각하다가 전에 써둔 산문들이 마음에 남아 있어 용기를 내어 엮어 보기로 했다.

새로운 변화의 물결에 휩쓸려 사는 우리들에게는 시대적인 여운이 있기 마련이겠지만 이 또한 인생길이니 어쩔 수 없겠지요.

2022년 한여름에
배환봉

· 차례 ·

■ 작가의 말

제1부

12 · 단념의 이중성
16 · 추억의 클로즈업
22 · 소박데기 난(蘭) 이야기
27 · 빈집
32 · 신의 원작을 본 눈
38 · 베란다의 봄
43 · 내가 기다리는 손님
48 · 땅뺏기놀이의 종착
53 · 못생긴 내 손

제 2 부

60 · 계절의 목로주점
65 · 문명으로 오는 희극
71 · 다시 핀 해바라기
77 · 유월이 오면
83 · 민들레의 추억
88 · 꽃과 인생
94 · 천 원의 행복
99 · '끼'라는 말의 의미
102 · 그래도 꽃들은 피고

제3부

110 · 새천년의 기우
116 · 사라진 별들
120 · 살봉산 안골 이야기
127 · 잊을 수 없는 흔적
131 · 내 얼굴은 기상대
136 · 절대자의 계획이라 해도
140 · 사람을 울린 개
145 · 어리석은 핑계
150 · 목련꽃 핀 뜨락

제 4 부

156 · 오후의 향연
160 · 대나무 빗자루
165 · 눈 내리는 날
168 · 정읍 할머니의 추억
172 · 희한한 싸움
177 · 마음에 있는 청산
182 · 동반자
185 · 희비의 갈림길, 석양
189 · 비정한 이별

- 후기

1부

단념의 이중성
추억의 클로즈업
소박데기 난(蘭) 이야기
빈집
신의 원작을 본 눈
베란다의 봄
내가 기다리는 손님
땅뺏기놀이의 종착
못생긴 내 손

단념의 이중성

'신은 위대하다.'라는 말을 우리는 살아오는 동안 한 번쯤은 어떤 체험으로 인해 자신도 모르게 입 밖으로 탄성을 지른 적이 있을 것이다

 그런데 나이 들면서 이 말이 나를 감탄케 하는 일이 더 많아졌다. 하찮은 내 감정까지도 신이 마음대로 다스리니 말이다.

만일 우리가 극단의 절망에 이르게 될 경우, 그 절망에 이르기 전 그 사이에 '단념'이란 단어의 매개적인 냉각의 기능이 없다면 우리는 얼마나 더 큰 위험을 감당해야 할지 모를 일이다.

우리는 살아가면서 누군가를 좋아하게 되고, 때로는 사랑하기도 한다. 한데 문제는 언제나 모든 관계에는 한계가 있다는 것이다.

적당히 조금만 좋아해야 하는 경우라면 조금만 좋아할 수 있으면 얼마나 좋으랴. 그런데 어찌된 일인지 자기 마음을 적정선에서 다스릴 수가 없으니 그것이 문제이다.

참으로 묘한 게 인간의 감정이라서, 그 누구도 다른 사람의 감정을 함부로 저지할 수가 없다. 그렇다고 해서 문제를 판단할 이성이 마비된 상태도 아니다. 하지만 감정은 그 방향을 알 수 없는 위력이 있어서 자칫하면 죽음에 이르게도 하니 실로 큰일이 아닐 수 없다.

개개인의 이러한 감정에 비해서 사회의 기준은 엄격하다. 순순히 제멋대로 살라고 놓아주지 않는다. 그럴 때 우리는 극도의 갈등을 겪게 되고 기로에 서게 된다.

'단념하거나' 아니면 '죽어도 좋아.'라는 두 길 사이에 놓이는 경우도 있다.

사실 학문은 아무리 어려워도 결국엔 진리를 정의할 수 있지만, 인간의 감정은 도술 같아서 언제, 어떤 모양으로 드러날지는 자신도 모르는 것이라 문제가 되는 것 같다

'단념'이란 글자 그대로 '생각을 아주 끊어버림'이라서 비상한 각오가 요구된다. 어떻게 좋아하는 사람을 잊어버릴 수 있겠는가.

그러나 그럴 수밖에 없다는 결론을 내리면 그땐 상황이 좀 달라진다. 단념이라 해서 칼로 무를 자르듯 딱 자를 수는 없겠지만 오히려 정제된 아름다운 감정으로 승화되는 경우도 많은 것을 보면 결코 단념은 아주 끊어낸다는 의미는 아닐 성싶다. 하나 표면으로는 일단은 관심이 멀어진 듯 보이기도 한다.

그렇다. 단념은 격한 감정을 조정하는 일은 될지언정 결코 절단하는것은 아닌 것 같다. 오히려 그로 더 정제되고

성숙해지는 것이지 그것으로 인해 감정의 끈이 끊어지는 건 아닌 성싶다.

흔히 우리가 하는 '나 너 단념했어!'라는 말뜻이 '너로 내가 많이 힘들어!'라는 말처럼 들리는 것은 혹 나 자신만의 생각일지도 모르겠다.

내 경우에도 흔한 일은 아니었지만 누군가를 단념한다는 말은 남모를 자아의 위로이었던 것 같다.

표면적으로는 단념으로 보여 다른 사람에게 편안하게 보일지 모르지만 자기 자신은 오히려 깊은 고뇌임을 어찌 모르랴.

아직도 단념해야 할 이름이 있다면 기꺼이 단념하리라. 그리하면 오히려 행복할 것 같은 생각이 든다.

추억의 클로즈업

 지금도 그 골짜기 마을에는 억새들이 바람에 옛 노래를 흥얼거리고 있는지, 혹 키를 세우고 날 기다리고 있는지 가보고 싶다. 회귀 본능이라는 말, 부인할 생각은 없다. 세상과의 이별이 멀지 않아서인지 고향처럼 돌아가고 싶다. 그곳은 공산당과의 마지막 전투지로 동족의 비극이 서려 있는, 산세가 험하기로 이름난 회문산이 병풍처럼 둘러있는 곳이다. 그 산자락 끝엔 예부터 조상들이 터를 이루고 살아온 작은 마을이 하나 있다.

마을이라야 조 씨네 기와집 한 채가 입구에 유일하게 있을 뿐, 스무 남짓 되는 집들로 모두 초가들이었다. 그나마 멀찍이 초가집들이 하나씩 듬성듬성 있어서 낮이라 해도 햇살이 찾아들어 낮이지, 들리는 건 마을 닭 울음소리가 멀리서 오고갈 뿐 사람 왕래는 아주 드문 산골짜기 마을이었다.

전기는 물론 없었고 우물도 없어 집 앞으로 졸졸 흐르는 냇물을 아침 일찍 바가지로 떠서 항아리에 부어 가라앉혀 밥을 지어야 했다.

가을에는 산에서 가랑잎이 마당 가득 바람에 실려와 갈퀴로 긁어모으기만 하면 군불도 지피고 밥도 지을 수 있었다. 울타리 없는 집은 뒷산 덕에 나무 걱정은 안 해도 겨울을 넘겼다. 도토리며 고욤이 가랑잎에 늘 수북하게 떨어져 바구니에 주워 담던 그 가을의 오후는 그 후 다시 돌아오지 않았다 하루는 뒤뜰에 가랑잎이 많이 쌓여 있기에 삼태기를 가지고 가서 낙엽을 담으려고 하는데 뜻밖에 그 속에 달걀이 많이 놓여 있어서 얼마나 많이 놀랐던지. 이 뜻밖의 사건에 나도 모르게 환호성을 질렀다. 얼마나 옹골찼던지 얼결에 환호성이 튀어나왔지만 아무도 없는 외딴집엔 그 작은 기쁨마저 나눌 사람이 없었다. 기쁨은 어느새 감당할 수 없는 허전함으로 나를 절망케 했다.

싸늘한 감동으로 눈물겨웠던 그 순간의 그 기쁨과 공허함의 교차는 다시는 겪고 싶지 않았으나 꽤 오래 추억으로 머물다 갔다.

언제 어디서 누구네 닭이 매일 와서 거기에 알을 낳고 갔는지 알 수가 없었다. 늦게 마을에서 돌아온 큰 방 할머니께 그 흥분된 이야기를 했지만 할머니도 이 근처에 올 만한 닭이 없다며 알 수 없는 일이라고 했다. 어찌되었든 할머니와 나는 그 귀한 달걀로 며칠 동안 맛있는 저녁을 먹을 수 있었다.

그때 이 할머니네는 가축이라고는 아무것도 기르지 않

았다. 집에 비해 마당은 너른 편인데도 가축 하나 기르지 않는 그저 텅 빈 집이었다. 그도 그럴 것이 6·25 사변 때 남편과 큰아들이 학살당하고, 하나 남은 막내아들마저 군대에 가서, 할머니는 세상살이에 지쳐 있기 때문인 것 같았다.

할머니는 틈만 나면 아픈 지난날을 이야기하며 울고 또 울곤 했다. 그런 연유로 할머니는 아무것에도 관심이 없는 듯했다. 흔히 이런 집에는 개 한 마리라도 있을 법한데 할머니는 살아 있으니 사람이지, 사변을 겪은 지 겨우 10여 년에 불과해서 제정신이 아닌 듯싶었다.

더구나 할머니는 농사지을 땅 한 평도 없어 그나마 마을 일을 다니며 생계를 유지해야 하기 때문에 집은 거의 비어 있었다. 사립문이 있긴 해도 그저 문이라고 달려 있을 뿐, 밤낮없이 열려 있는데도 누구 하나 지푸라기도 건드리지 않는다는 게 항상 신기하고 다행이기도 했던 좋은 마을이었다.

할머니는 그 어기찬 현장을 목격한 충격으로 귀가 잘

안 들려서 나는 늘 큰 소리로 몇 번씩 한 말을 되풀이해야만 했다. 말을 하다가 귀찮아지면 가끔씩 의미 없이 웃고 있는 나를 할머니는 잘도 눈치채고 그냥 넘어가던 인상이 지금도 눈에 선하다.

할머니네 집 옆으로는 좁은 언덕길이 있었는데 그 길로 조금만 걸어가면 낮은 산자락이 내려와 펼쳐져 있었다. 그 널따랗고 평평한 곳이 온통 억새들로 뒤덮여 있었다. 그곳이 얼마나 아름다웠던지 처음 본 순간 단숨에 달려가 그 속으로 뛰어들어가니 이게 어인 궁전이란 말인가? 그 속에는 깨끗하고 반듯한 커다란 바위들이 평상처럼 여기저기 놓여 있는 게 아닌가! 내 방보다 훨씬 아름다운 방이었다. 그날 이후로 나는 틈만 나면 책을 가지고 가서 그곳에 앉아 해를 넘겼다. 제일 좋은 것은 억새가 하늘로 향해 있어서 하늘만 보일 뿐 주변은 아무것도 보이지 않는다는 것이었다. 나는 꿈을 꾸는 듯 아름다움에 도취되어 떠나고 싶지 않았지만, 생활이 너무 불편해서 겨우 이 년을 넘기고 그곳을 떠나왔다.

세월은 흘렀어도 그 억새풀 궁전은 아직도 제자리에 있으리라. 늘 가슴에 흔들리는 그 갈대밭이 가을이 오면 으레 추억으로 클로즈업 되겠지.

소박데기 난(蘭) 이야기

인간의 감정이라는 건 아무도 알 수 없는 영물인가 보다. 꽃도 미움을 사서 제집에서 쫓겨났다는 게 아무리 참으려 해도 볼 때마다 자꾸 웃음이 나와 참을 수가 없다.

며칠 전 J네 집에 갔더니 잘 드는 남향 베란다에 꽃들이 활짝 피어 있었다. 집에서는 키우기 힘들다는 꽃들까지도 활짝 피어 꽃밭을 이루고 있었다.

햇살이 잘 들고 따뜻해서인지 모두 각각의 모습과 향기로 자태를 뽐내고 있었다. 속으로 부러워 한 폭 떼어달라고 하고 싶었지만, 사과 하나는 주기는 쉬워도 자기가 애지중지 기르던 꽃 화분을 쉽게 주는 사람이 어디 있던가.

꽃구경을 마치고 방에서 차를 한 잔 마시려는데 멀리 마루 구석에 놓여 있는 화분 하나가 보였다. 아직 푸른빛이 보이는 것으로 보아 살아 있는 듯했다. 이상하다 싶어 가 보았더니 난초가 거의 누렇게 시들어 있었다. 하도 기이해서 "이 화분은 왜 물을 안 주었어? 다 말랐잖아?"라고 물으니 "응, 미워서 물 안 주고 죽으라고 거기 버렸어."라고 간단히 대답한다. 정말 의외의 대답에 이유를 물었더니 "은혜를 몰라도 유분수지, 아니 그럴 수 있어?"라고 한다. "똑같이 물도 주고 햇빛도 같이 받고 내가 정성도 오히려 더 쏟았는데 글쎄 은혜를 몰라요. 다른 건 다 꽃을 피웠는데 아직 꽃은커녕 새끼 하나 안 치고 있잖아? 하도 괘씸해서 그냥 버린 거지."

나는 순간 웃음이 터질 뻔했다. '아무렴, 꽃하고 감정 대립하는 사람이 다 있어?' 그러면서 나는 속짐작으로 '필시 준 사람이 싫은 사람이라서 그런 것 아닐까?' 하는 생각마저 들었다. 그 말을 듣고 보니 자비심이 발동해서 "그럼 내가 키워볼게."라고 했다. J는 좋아하면서 "버리려고 한 건데 그럼 더 좋지." 한다.

나는 다 시든 난 화분 때문에 마음이 급해져서 얼른 집으로 왔다. 밤새 물을 흠뻑 적시게 담그고도 자주 문을 열어 보았다. '그 오랜 갈증이 쉽게 풀릴까?' 하는 조바심이 생겨서였다.

이른 아침 얼른 나가서 물에 잠긴 화분을 들어 올려 보았다. 잎이 조금 펴져 있었다. 표정으로 보아 갈증은 갠 듯싶었으나 누렇게 뜬 얼굴은 회생하려면 시간이 좀 걸릴 듯싶었다. 급한 마음에 영양제도 주고 햇살도 조절해 주면서 잃어버린 아이를 찾은 듯 온갖 정성을 다했다.

그로 두어 달이나 지났을까? 정말 깜짝 놀랄 일이 생겼다. 어느 날 새싹 한 촉이 올라오더니 그 옆으로 꽃대까지 솟는 게 아닌가.

그 집보다 양지도 아니고 여건도 안 좋은데 바로 회생한 이유를 알 수가 없었다. 그 집보다 나은 게 있다면 내 정성이나 더했을까. 차츰 누런 잎새도 푸르러지고 꽃대도 튼튼해져서 여간 기쁜 게 아니었다.

우리 집에도 난들이 두어 화분이나 이미 꽃이 피었지만 유독 이 난은 우여곡절이 있어서인지 별나게 나를 기쁘게 했다. 나는 옛 주인을 볼 때마다 속으로 '넌 보물 하나를 잃었어!'라고 말하고 싶었다. 그러나 나는 그렇게 말하지 않고 "그 난 잘 자라고 있어!"라고만 말했다. 주인이 달라고 할 바도 아니지만 어쩐지 나는 그 말을 하기가 싫었다. 어쩌면 우리 둘(난과 나)만의 어떤 아름다운 관계가 그로 인해 소원해질 것 같은 생각이 들어서였다.

우리 집 난 꽃들도 몇 해를 두고 피고지고 하지만 어쩐 일인지 이 쫓겨난 난은 별나게 내 관심을 끌었다. 내가 죽어가는 저에게 선심을 베풀었다는 자애로움을 뽐내고 싶어서인지 아니면 이 난 향이 더 좋아서 그렇게 느끼는 것인지는 나도 알 수 없는 일이었다.

나는 감정으로 인해 생사를 겨루는 전쟁을 일으키는 일들은 쉽게 이해가 되는데, 꽃이라는 이름을 가진 난(蘭)이 주인의 감정을 건드려 미움을 사서 주인집에서 쫓겨났다는 게 왜 그렇게도 웃음이 나오는지 난에게 몹시 미안한 일이지만 나도 내 감정을 숨길 수가 없어 볼 때마나 자꾸 웃음이 나와서 당황스러웠다. 그때마다 '그러니 날이면 날마다 감정 대결이 부딪는 부부들이야 어쩌겠는가?'라며 나는 누구의 변명인지도 모를 말을 중얼거리곤 했었다.

꽃도 이렇게 소박을 당하는 걸 보니 꽃도 아닌 내 처지이고 보면 어찌 그 미움을 용케도 이렇게 이기고 지금까지 살아왔는지 갑자기 내 자신이 대견스럽기까지 했다. '용케도 백발까지 해로했구나.'라며 잘했다는 건지 잘못되었다는 건지 판가름할 수도 없는 승산을 하며 혼자 웃었다.

빈집

 요즈음 시골길을 지나다 보면 가끔씩 휑하니 문이 열린 빈집을 심심치 않게 볼 수 있다. '저 집도 맨 처음 누군가 집터를 이루고 잘살아야겠다는 마음으로 지어 살던 아름다운 꿈의 보금자리이었을 텐데 대체 어째서 버리고 나간 것인가?' 나는 터무니없는 상상을 하며 해답 없는 수수께끼 같은 자문을 해 놓고 혼자서 골몰하는 때가 있다.

전후 사정이야 어떻든 빈집이란 왠지 모르게 일단은 서글프고 허전하기 그지없다. 서로 간에 기막힌 사연이 아니면 어찌 보금자리를 버릴 수 있단 말인가? 터를 이루고 살던 곳을 버려야 한다면 그건 최후의 선택이었을 것이다. 더이상 버틸 수 없는 막다른 상황이었으리라는 생각이 들었다.

나는 병원에서 돌아오면서 병원에서 내내 산소 호흡기를 끼고 있던 지인이 내가 보았던 빈집이랑 똑같다는 생각이 들었다.

지금껏 가꾸던 그의 얼굴이나 손들이 별안간 그에게 어쩌면 그렇게도 아무 의미가 없는지 갑작스레 회의가 일었다. 그 예민한 감각은 어디로 사라지고 손을 만져도 얼굴을 만져도 반응이 없는 것인지 정말 마음이 텅 비어 찬바람이 씽씽 내 가슴에 스며들었다.

그렇다면 지금까지 살아온 우리들의 존재는 무엇이었단 말인가?

존재? 그건 다만 우리들의 만남과 그 대화이었던 모양

이다. 그토록 열심히 가꾸며 살피던 내 육신은 다만 나를 담고 있는 빈집에 불과했을 뿐, 실로 아무것도 아니었다는 생각이 불현듯 스쳤다.

의식을 잃은 그는 어디에도 그의 생전의 모습을 찾을 길이 없었다. 그곳 중환자실 사람들과 하나도 다름없는 다만 하나의 개체에 불과했다.

평소 그의 재치 있는 유머라든가 끊임없이 재잘대던 책 속의 주인공들 이야기며, 요즈음 우리 주변 여인들 등등 많은 이야기들로 모임을 즐겁게 했던 그 여인은 대체 어디로 사라진 것일까? 하도 허망해서 확인하듯 다시 그의 손을 잡아 보았다. 그리고 얼굴도 어루만져 보았다. 아직 체온은 있는데 다만 정신만 어디로 사라진 것 같다.

심장이 멎으면 끝인데 그때까지는 여기 있어야 한다고 죽음을 기다리는 가족들. 그리고 그의 어머니의 얼굴이 뒤돌아 보였다.

만일 사후에 영혼이 있다면 틀림없이 그는 그곳에 가서도 지상에서 못다 한 이야기를 연작 소설로 쓰리라는 생각이 들어 홀로 웃었다.

그날 밤 그는 갔다. 한데 묘한 일이다. 그가 살아 있을 때 안타깝던 마음이 오히려 편해졌다. 그의 고통이 사라졌기 때문인 성싶었다.

하지만 정작 아쉬운 것은 그녀가 자기 재주를 못다 펴고 간 것이다. 이제 막 세상에 그의 글이 알려지려는데 우리들 손을 놓고 떠나다니 그에게나, 남아있는 우리에게나 퍽 아쉬운 일이 아닐 수 없었다.

우리나라 1930년대의 젊은 작가들의 애통한 죽음들이 그에게서 느끼는 것은 어찌된 일일까?

새삼 내가 사는 이 집이 되돌아 보인다. 다행히 외딴집이 아니라서 문짝 열린 빈집으로 남지는 않을 것 같아 다행이지만 이 집도 나로 끝이 날지 알 수 없지만 역시 빈집의 의미는 같지 않을까.

종교적으로 자란 탓으로 나는 영혼의 세계를 믿고 있다. 내 육신을 어머니에서 빌려다가 내 영혼이 살고 있다는 것을 이번에 재확인한 셈이다.

내 육신이 내 집인 동안 잘 지키고 가꾸는 것도 내게 주어진 일이라서 치장하는 일도 의미 없는 일은 아닌 성싶었다. 하지만 육체를 영혼의 집이라는 점으로 보면 집이 아무리 아름답다고 해도 그 안에 사는 영혼이 별로라면 그 집이 부럽겠는가.

 그래, 불교에서는 일찍부터 영혼이 나간 빈집이라서 그렇게 다 버리고 애착 없이 떠나갔는가 보다. 나는 무섭기만 하던 사후가 이제야 이승에서 저승으로 이사하는 것뿐이라는 생각으로 한결 평안해졌다.

 이번 그의 짧은 생이 우리 남은 사람들을 슬프게는 했지만 어차피 몸은 사람이고 영원한 건 우리들 영혼이 아니겠는가? 그러니 그의 이름과 그 반짝반짝하던 재치는 그의 이름 속에 내내 살아 있으리라.

신의 원작을 본 눈

　어느 날, 나는 어린 시절 심심할 때면 혼자 놀면서 가끔 하던 놀이가 생각나서 두 눈을 가리고 길을 걸었다. 또 조금 가다가 한쪽 눈만 감고 걷는 놀이를 하다가 깜짝 놀랐다. 오른쪽 눈이 보이지 않은 것이다. 나는 몇 번을 번갈아 가며 그렇게 해보았으나 여전히 오른쪽 눈이 말이 아니었다. 최근 몇 해 동안 눈이 어두워 으레 노안이려니 하고 말

앉는데 그게 아니었다. 겨우 물체의 움직임만 아른거리는 정도였다.

겨우 밤을 새우고 다음날 서둘러 안과에 갔다. 너무 늦었다며 백내장 수술을 하자는 것이다. 그대로 승낙을 하고 돌아왔다. 내 상식이 또 빗나간 데 대해 뉘우치는 마음으로 얼른 응했다. 다른 데도 아니고 눈이라서 현대 의학이라 해도 조금은 불안했으나 상황이 심각해 용기를 냈다.

수술은 의외로 간단했다. 삼사십 분 정도 지나서 다 끝났다고 했다. 그날은 안대로 눈을 가려서 밤을 새우며 약간은 초조했었다. 잘 보일 것인지 아니면 아주 못 볼 수도 있지 않을까, 하는 망상이 자꾸 나를 불안하게 했다 그러나 왼쪽 눈이 남았으니 조금은 안심이 되었다.

이튿날 일찍 병원으로 갔다. 간호사가 눈에 붙인 거즈를 떼더니 눈을 떠 보라고 했다. 약간 머뭇거렸더니 어서 떠보라고 재촉을 하기에 얼결에 '확!' 떴다. 순간 나는 눈을 얼른 도로 감아버렸다. 내가 본 것은 태양 그 자체 같았다. 얼마나 환한지 물체의 윤곽 정도가 아니라 모든 게 햇살 같은 밝은 빛뿐이었다. 나는 다시 살며시 감은 눈을 떠 보았다. 그리고 거기 있는 물체를 하나씩 확인했다. 작은 글자까지 매우 선명하게 보였다. 이것이 내 눈인가 의심스러울 정도였다.

간단한 치료를 받고 또 왼쪽 눈을 수술했다. 왼쪽 눈까지 다 치료를 받고 돌아오던 날, 나는 아파트 입구에서부터 백 미터도 안 되는 우리 집을 한 시간도 더 넘게 걸어왔다. 아파트 입구 화단에 가지각색으로 오래전부터 피어 있던 늦가을 국화꽃 빛깔들이 어찌나 선명하게 보이던지 그 아름다움에 매료되어 도저히 발을 뗄 수가 없기 때문이었다.

그렇게 화려하고 신명한 빛깔을 난생처음 본 것이다. 내가 새로 태어났거나 아니면 세상의 모든 빛깔들을 금방 조물주가 새로 물들인 것같이 선명해서 몇 번이나 "아름다운 자연이여!"라고 감탄을 금치 못했다.

태초에 신이 천지 만물을 만든 그 눈으로 빛깔을 본 것이다. 얼마나 오랫동안 나는 저 아름다운 빛을 못 보고 살

앉단 말인가, 그런 생각을 하다가 문득 한 소설 속의 여주인공을 떠올리며 감회에 젖었다. 순간 나도 그 주인공이 되는 기분이었다. 〈전원 교향악〉의 제르트뤼드의 고백, 그가 눈을 떴을 때 "세상은 상상했던 이상으로 더 아름다운데(햇빛이 그토록 밝고 공기가 그토록 빛날 줄은 몰랐습니다.) 그런데 사람들은 생각보다 더 슬픈 얼굴이었습니다."라고 하던 말이 새삼 나를 감동케 했다.

그가 처음 눈을 뜨고 연못가 물망초를 꺾으려다 물에 빠진 장면이 이제야 '그건 실수가 아니었구나.' 하는 생각이 들었다. 모든 복잡한 상황은 눈 뜨기 전보다 비극이었다. 그러나 보지 못할 때 그리던 태양과 꽃과 세상은 생각보다 훨씬 아름다워 절망한다. 그는 처음 보는 그 황홀한 꽃, 물망초를 꺾으려다 물에 빠져버린다. 세상은 이토록 아름다운데 사람들의 얼굴은 생각보다 슬퍼 그는 '내면의 오랜 갈등이 현실화되는 게 두려워 일부러 물에 빠져 버렸구나!' 하고 소녀적 어렴풋하던 대목이 떠올라 감상에 젖기도 했다.

장님으로 살아온 그가 처음으로 눈을 뜨고 보는 꽃이 얼마나 맑고 밝고 아름다웠을까. 거의 20여 년 동안 장님에게 그려졌던 태양 그리고 꽃을 눈 뜨고 처음 보았을 그 빛을 나도 본 것 같아 한동안 감화에 젖었다.

나는 지쳐 누워버린 국화꽃들을 일으키며 그 생생한 원색에 감동했다. 그뿐만 아니라 시든 풀잎의 빛깔마저도 그토록 고운 빛깔인 줄은 미처 몰랐다. 시든 풀빛이 저렇게 애틋한 아름다운 빛깔이라니 울컥 가슴이 저려왔다.

아직 남아있는 단풍든 나뭇잎들을 일일이 보며 찬란한 조물주의 원작을 볼 수 있게 해 준 의사 선생님이 갑자기 위대하기까지 했다.

그런데 다 좋은 것만은 아니었다. 내게 한 가지 비극이 일어났다. 그건 내 얼굴을 보는 일이었다. 처음 거울을 보는 순간 나는 그만 거울을 떨어뜨릴 뻔했다. 마치 흙을 뿌린 듯 더덕더덕 주근깨가 널려있는 게 아닌가. 이런 얼굴로 군중 속에 살고 있었다니, 새삼 기가 팍 죽었다.

게다가 지금까지 보아온 사람들의 얼굴도 어찌나 잘 보

이는지 생각보다 실망스러워 나도 눈을 되돌리고 싶다는 독백을 하며 속으로 웃었다.

하지만 신의 원작을 그대로 볼 수 있다는 게 얼마나 큰 축복인가. 그에 비하면 그런 건 별 의미가 아니라며 마음을 접기로 했다.

앞으로 눈이 다시 무디어지기 전에 확대경 같은 이 눈으로 무엇을 보아야 그 아름다움을 영원히 기억할지 나는 참으로 고민 아닌 고민에 싸여 있다.

베란다의 봄

 응달진 아파트 내 집에도 봄은 어김없이 찾아왔다. 양지녘보다 조금 늦긴 해도 봄은 올해도 때맞추어 우리 집에 찾아와 인사를 한다. 겨우내 마루에서 혹독한 추위를 겪던 분재의 단풍잎이 어느 날 실눈을 뜨고 나를 반긴 뒤로 봄은 더 빠른 걸음으로 다가오고 있다.
 단풍잎이 뾰족이 솟아나는 것을 보고, 나는 내가 잘못

본 것은 아닌가, 하고 눈을 비비며 다시 쳐다보았다. 우리 집은 일층이라서 유난히 춥기 때문에 사람은 아직도 운신하기도 힘든 때라 단풍잎의 소생이 쉽게 인정되지 않았다.

그 이후로 잎은 매일 용기 있는 사내아이처럼 솟구쳐 한 달이 채 안 된 지금 거의 잎 모양새를 갖추어 가고 있다.

춘삼월의 완연한 봄날에 '봄이다!' 나는 속으로 몇 번이나 이 말을 되뇌고 있다. 아마도 지난겨울 날씨가 너무 추웠던 터라 봄을 빨리 인정하려는 듯했다. 그럼 나도 봄맞이를 해야지, 그런데 이 좁은 공간에 저 큰 봄을 어찌해야 하지, 하고 생각에 잠겨 있다가 묘안이 떠올랐다.

'그렇다. 우리 집에다 계절을 만들자. 봄 그리고 여름, 가을을……'

그렇게 하면 계절이 우리 집에서 함께 살지 않겠는가? 나는 얼른 일어나 흩어져 있는 화분을 베란다에 다 내어 놓고 작은 꽃 화분들을 우선 몇 개 사들여서 큰 화분 사이사이에 끼워 넣어 아름답고 화창한 봄을 만들기로 했다.

나는 무슨 큰 일이나 일어나는 듯이 내친걸음으로 길가

에 놓고 파는 화사한 풀꽃들을 사들여 여기저기 놓았다. 내 묘안은 적중했다. 참으로 앙증스런 봄이 우리 집으로 옮겨온 것이다.

아직 개나리, 들녘의 꽃은 피지 않았어도 우리 집엔 꽃들이 화사하게 피었다.

사계 중에서 나는 우선 봄을 만들었다. 계절 따라 계절을 불러들이는 것이 순리에 맞지 않을까 해서였다.

이 꽃들이 지는 계절에는 여기 난들이랑 그 외의 잎이 무성한 꽃나무들로 어우러지게 하면 또 얼마나 시원한 여름이 이곳 우리 집에 머물겠는가? 그러고 나면 가을이 오고. 가을이 오면 우선 단풍나무가 맨 먼저 물이 들 것이다. 그러다 다른 잎들도 제 나름의 고운 빛으로 물들이며 그렇게 가을은 깊어지겠지. 그럼 다시 한파로 떨어야 하는 가엾은 생명들이라 해도 나는 집 안에 계절을 만들고 더불어 사는 멋을 부리고 싶었다.

길고 추운 겨울엔 나도 묵묵히 그들과 겨울을 이기려는 생명의 근엄한 용맹을 가슴에 품고 한철 지내다 보면 다시 이렇게 또 봄이 올 테고.

　이제 나는 산으로 들로 쏘다닐 젊음도 없다. 마음은 여전하지만 그럴 만한 체력이 없다. 봄마다 진달래가 만발하는 고향 살봉산이 그리워도 동행할 사람이 없어 다만 마음뿐인데 어찌 봄나들이인들 쉽겠는가. 그렇다고 계절도 없는 절망적 인생은 아니고 싶으니 안타까운 일이다.

　그러니 이렇게 집안으로라도 봄을 불러들일 수밖에. 이렇게라도 해서 계절에 동참하는 것으로 만족할 뿐, 겉멋 들린 호사스러운 치장을 하려는 것은 아니다.

　계절을 불러들여 봄 한철에는 나도 꽃이 되고 여름엔 무성한 나뭇잎의 푸름으로 내 인생도 한껏 푸르러지면 자족할 일이지, 그 이상의 욕심이 다 저문 내 인생에 무슨 소용이 있겠는가.

　더구나 이 도심 속에서 오늘처럼 저렇게 산새들이 찾아와 지저귀는 날이면 산에 가지 않아도 산속이나 다를 바 없으니 무얼 더 바라겠는가.

　어째서 아직껏 나는 이런 생각을 하지 못했을까? 어느

곳이든 마음이 머무는 곳이 바로 피안이라는 것을. 산에 가서도 산이 안 보이는 사람, 방안에 앉아 있어도 이 나이 들어서야 내 곁에 있는 것들을 알다니 역시 범부일 수밖에 없다.

  나는 오늘도 내가 만든 작은 베란다의 계절 속에서 커피 한 잔을 마시며 커다란 행복의 내 봄을 즐기고 있다.

내가 기다리는 손님

 이 집에 이사를 오게 된 이유 중의 하나이기도 한 이 감나무들. 그 때문에 이 마을 사람들은 우리 집을 감나무 집이라 부른다. 시골도 아닌 도시에서 그런 별칭은 조금 촌스럽긴 해도 내가 좋아하는 손님이 그로 인해 일 년 내내 찾아오니 오히려 자랑스럽다.
 이 감나무 덕분에 우리 집엔 일 년 내내 귀한 손님들이 찾아온다. 몇 해 전엔 뻐꾸기가 날아온 적도 있었다. 꾀꼬리나 파랑새, 할미새, 뱁새, 까치 등등 도시에서는 보기 드문 손님들이 계절을 기다려 꼭 찾아왔다. 참새는 귀가 따가워 가끔은 장대로 쫓아버릴 정도였다.

그런데 참 이상한 일이 생겼다. 근래 들어 그 새들이 오지 않는 것이다. 사월 초파일쯤엔 몇 년을 예외 없이 찾아오던 꾀꼬리마저 지난해부터 오지 않는다. 다른 새들은 말할 것도 없지만 가을이 지나면 들에서 인가로 몰려들던 참새 떼마저 아예 자취를 감추었다.

나는 매일매일 밖에서 돌아오면서 오늘은 어떤 새가 찾아와 있을지도 모르겠다는 기대로 가슴 조이며 대문을 열고 들어서면 여전히 텅 빈 뜰뿐이있다.

그러던 어느 날 새벽, 일이 있어 일찍 일어나니 어디선가 요란한 새소리가 들려왔다. 너무 반가워서 단걸음에 밖으로 나와 보니 이웃집에서 울고 있었다. 나는 화가 치밀었다.

정말 새대가리라더니 아무리 소견이 없기로 이렇게 큰

나무가 두 그루나 있는데, 글쎄 언제 뒷집 작은 나무로 옮겨갔단 말인가. 멍청이들 같으니. 그러니까 '그동안 새들이 모두 저 집으로 간 거야?' 하고 생각하니 괜스레 이웃이 미워지기 시작했다. 새가 설령 이웃집으로 날아갔다 해도 그것은 새들의 자유행동인데, 왜 그것이 이웃집 탓이라는 생각이 들었는지 모를 일이다.

십여 년 넘게 함께 이웃으로 살아오면서 감정이 좋은 것만은 아닌 터에 잘못된 일들이 하나하나 떠오르며 어린 애같이 짜증이 일었다.

더구나 근래 그 집 나무가 우리 담장 위로 솟아오르면서 내 방 창문을 가려 해가 기울 때쯤이면 종전보다 어둠이 일찍 들었다. 그로 인해 조금 불편한 감정이 있었는데 그나마 내 집에 오던 사랑스런 손님마저 그 집에 빼앗겼다는 생각을 하니 체면상 참고 있었던 인격이 그만 곤두박질 치고 있었다. 당장 내일은 저 집에 쫓아가서 우리 집 창을 그 집 나무가 가리니 다른 곳으로 옮겨 심어달라고 해야겠다며 겨우 분을 가라앉혔다. 그날따라 어둠 속에 서 있는 우리 집 감나무의 빈 가지들이 눈물겹도록 쓸쓸해 보였다.

바쁜 일로 그렇게 분노하던 사건을 잊고 며칠을 지냈다가 또 아침 일찍 잠이 깨어 일어나니 여전히 새소리가 뒤꼍에서 요란하게 들려왔다. 이른 아침이라 겨우 참고 있다가 정오쯤 되었기에 흥분을 억누르며 다툼질을 해볼 양으로 뒷집으로 갔다.

한데 평소에 닫혀있던 대문이 활짝 열려 있는 게 아닌가. 무슨 일인가 하고 고개를 막 들이미는데 그 집 딸아이가 방에서 나오더니 화단 쪽으로 오고 있었다. 순간 나는 멈칫했다.

그리고 다시 고개를 들어 안을 바라보니 그 아이는 나무에서 새장을 들어 꺼내 들고 대문으로 나오다가 나를 보며 "아주머니, 웬일이세요?" 한다. 나는 순간 얼굴이 화끈 달아올라 "응. 대문이 열려 있어서!"라고만 말했다.

"아주머니, 우리 오늘 이사해요. 그동안 이 새 때문에 시끄러우셨죠? 큰언니가 아파트에 사니까 시끄럽다고 우리 화단에 가져다 놓았었는데 저희도 오늘 아파트로 이사

가요."라고 한다.

 나는 순간 어찌나 새들에게 부끄럽던지 새장을 한 번 어루만졌다. 그러면서도 다행인 것은 '그럼 그렇지. 새들이 우리 집을 두고 다른 집에서 살지는 않을 거야.' 하며 안도했다.

 우리 집에 오던 새들은 지금 어디에다 보금자리를 틀고 살고 있을까. 전에 이곳은 야산이었다고 한다. 한데 개발 지역이라서 대대로 살던 새들의 후예가 옛집을 찾아 날아오다가 이제는 외곽으로 빽빽이 들어찬 아파트 숲에 가려 영영 길을 잃은 것이리라.

 새들마저 살 수 없는 세상. 어찌 살아야 할 것인가, 허허로웠다.

땅뺏기놀이의 종착

 그 시대 시골 아이들의 놀이란 퍽 단조로웠다. 아이들은 매일같이 땅빼앗기놀이나 고무줄놀이, 아니면 팔방놀이라든가 공기놀이가 고작이었다. 등굣길에서도 아까시나무 잎으로 가위바위보를 해 나뭇잎 떼기를 하거나 질경이놀이가 있을 뿐이었다.
 여자아이들은 모이기만 하면 그저 매일 이런 놀이를 바

꿔 하면서 놀았다. 그때 땅빼앗기놀이를 할 적엔 손가락이 늘어나도록 힘껏 펴서 조금이라도 더 땅을 빼앗으려 금을 긋던 생각이 난다. 종종 손가락을 바짝 대지 않고 금을 늘려 그었다고 다시 하라면, 아니라고 우겨대다가 아무 대가도 없는 것을 아는지 모르는지 그 끝엔 꼭 싸움으로 결말을 내곤 했다.

그러다가도 해가 질 무렵이면 여기저기서 "순이야, 금니야, 밥 먹어라." 하고 어머니들의 목소리가 온 마을로 메아리되어 울리면 열심히 욕심부려 빼앗은 땅이건만 우리들은 그것들을 아무런 미련 없이 그대로 버려두고 집으로 갔다.

그렇게 눈을 부릅뜨고 싸우던 놀이라 해도 끝나면 팽개치고 일어나 집으로 갔던 바로 그 놀이가 어인 일로 요즈음 눈만 뜨면 달밤에 피어나는 박꽃처럼 떠오르는 걸까?

새로운 공간을 서로 점령해 가다가 더이상 빼앗을 땅이 없으면 그 면적이 넓은 쪽이 이기던 놀이였는데, 어쩌면 이렇게 이미 예고된 인생살이를 미리 연습시킨 것이 아닌가 하는 생각이 든다.

정말이지 산다는 건 땅뺏기놀이와 뭣이 다르단 말인가.

내가 매일 신의 땅을 빼앗으려 애쓰다가 해가 지면 다 팽개치고 돌아가야 하는 바로 그 모습이 아닌가?

우주선을 서로 먼저 띄워 달나라를 점령하려 했던 땅뺏기도 어린 날 우리 놀이와 똑같은 이치이다.

미국이 가서 제 땅이라고 표시해 놓고, 러시아가 달려가서 또 경계 지어 놓았으니, 우리는 언제 갈지 모르지만 몇 떼기나 남아 있을지? 지구에서 강자는 별나라에서도 강자로 군림해야 한다니 알 수 없는 비애다. 이리 될 바엔 지구 종말이라 해도 하나도 아쉬움이 없을 듯하다. 그런데도 종말이 오기 전에 달나라로 이주하려고 연구 중이라니 만일 하나님이 계시면 평등하게 종말을 맺으시겠지. 그분은 모두의 신이니까.

우주공간만 다를 뿐 우주도 결국엔 지상의 연장인데 그 인생살이라면 지금과 뭣이 다르겠는가.

나는 요즈음 묘한 환상에 빠져 아침이면 맥이 빠진다. 우리들의 어린 시절 이야기를 누구에게 한 것처럼 세상에, 이 멀고 먼 훗날의 그 놀이가 왜 내게 다시 펼쳐지는 것일까?

한데 땅을 빼앗을 수 있는 네모 안에는 여백이 별로 남지 않았다. 시작한 적이 없는데 누가 벌써 다 그려 놓았는지 빈 땅이 별로 남지 않은 것이다.

땅뺏기 상대는 신이었나 보다. 다만 보이지 않으니 네 쪽만 그려져 있는 게 아닐까.

묘한 일이다. 눈을 감고 있으면 그 공백이 환히 보이니 말이다. 요 며칠 아침마다 눈을 뜨면 조금 남은 여백이 선연히 눈에 보인다. 그러면 나는 어떤 반항도 없이 무중력 상태의 인간처럼 살며시 다가가 손을 펴고 내 생의 남은 공간에 한 뼘 더 금을 그어 여백을 좁히고 있다.

참 신기한 것은 어린 시절 그때와는 아주 다르게 나는 손을 가능한 한 조금만 펴고 금을 긋는다. 경계에 빨리 이를까 두려워서다. 하지만 한낮의 빈 운동장처럼 너무나 환하게 비치는, 얼마 남지 않은 네모 안의 남은 내 공간이 눈에 비쳐 나는 다시 눈을 감아 버린다.

어린 시절 땅뺏기놀이에서 공간을 다 메우면 집으로 돌아 가듯 나는 전에 내가 떠나왔던 본향으로 되돌아가야 한다.

어린 시절 놀 아이가 없으면 혼자서 한 번은 내 쪽에다 한 뼘을 그리고, 다음은 저쪽에다 땅을 그리며 그리도 심심해 하더니 결국 인생은 그렇게 혼자 남아서 남은 땅을 다 채워야 하는 날이 있음을 미리 알려 주었나 보다. 이제 나는 이 놀이가 싫다. 아름다운 추억마저도 지우고 싶다.

요즈음도 눈을 뜨면 네모 안에 남은 공간이 그대로 펼쳐져 눈앞에 놓인다. 어째서 하필이면 이런 환상이 보이는 것일까? 아마도 어린 시절 욕심부려도 늘 아쉽기만 했던 땅 뺏기놀이를 마지막으로 실컷 이겨 보라는 계시인가도 모르겠다.

대체 누구일까? 뒤로 물러앉아 매일 아침 나를 바라보는 그는.

이마저도 굉장한 자비를 지금 내게 베풀고 있는지도 모를 일이다.

못생긴 내 손

　나는 그럴 만한 근거도 없이 인체학에 흥미가 있다. 그래서 서울에 갔다가 우연히 인체 해부 전시회가 열렸다기에 보러 갔다.
　처음에는 흥미로워 눈을 떼지 못했으나, 한동안 보고 있노라니 서 있는 게 장난감이 아닌, 그대로 어떤 사람이라는 생각에 미치자 갑자기 오한이 들기 시작했다.

정말이지 보고 싶은 것이 하나하나 해부되어 있어 부분적으로 보는 것은 흥미로웠다. 그러나 해부된 인체를 마주 보고 있으니 금방이라도 그 영혼이 살아날 것 같아 소름이 돋았다.

그 상황 중에도 나는 뼈만 남은 뼈대를 보면서 인체가 다똑같은 뼈대, 똑같은 구조라는 게 신기했다. '그런데 어떻게 미남, 미녀가 있는 거야, 똑같은 뼈인데?'라고 물으니 순전히 그 구조물은 살의 조화라 한다. 살이 붙을 곳에 적당히 메꾸어 보기 좋게 만들어지면 미녀가 되는 거라고. 이것은 순전히 행운이라는 것이다. 하지만 골격이 잘 짜여야 그리되지 않을까, 하는 생각이 들었다.

나는 손이 미워서 지금까지도 불만이다. 손이 하얗고 길면 우선 고상한 분위기를 자아낼 뿐 아니라 지적으로 보여 늘 부러웠다.

그런데 나는 어려서부터 손이 뻣뻣하게 생겨서 공기놀이할 때부터 내 인생에 패배를 느꼈다. 공기놀이를 하면 다른 아이들은 다섯 개가 다 손등에 놓이는데 나는 겨우

두 개나 하나밖엔 받지 못해 우리 편 아이들에게 눈치를 먹곤 했으니까 말이다.

게다가 전쟁 때에는 방앗간 집이 피난을 가서 오랫동안 마을로 돌아오지 않아 나는 집에서 어머니랑 보리방아를 찧어 밥을 지어야 했다. 나는 그것이 신이 나서 시키지 않아도 방아를 잘 찧었다. 그런 까닭으로 성장기의 연한 뼈마디가 더 굵어졌다.

그 전쟁의 흔적으로 나는 평생 누구랑 악수하는 일은 거의 사양했다. 예쁘고 부드러운 손으로 악수하는 여인들을 볼 때마다 참 부러웠지만 나는 어쩔 수 없는 운명 같아 원망스러웠다.

사실 어떤 사람은 내 쪽에서 먼저 악수를 하고 싶은 마음이 있었어도 손이 미워서 머뭇거리다가 오해로 영영 이별한 일도 있었으니 내 손 이야기는 단순한 불평만도 아니다.

그러나 나는 요즈음 들어 마음이 참 편해졌다. 지금은 아무렇지 않게 아무하고나 악수를 한다. 내 인생을 포기해서가 아니다. 이젠 오히려 예쁜 손보다는 다소 거친 손이 자랑스러워 보이기 때문이다.

내가 어찌 살았든, 이 손으로 우리 가족에게 헌신한 것은 사실이다. 기르고, 가르치고, 음식 만들어 먹이고, 옷 빨아 입히고, 집안 치우고, 정말 위대한 손이 아닐 수 없다. 그날부터 나는 이 손이 오히려 더 자랑스러웠다. 젊어서의 불만을 타당한 이유로 합리화하는지는 알 수 없으나 내가 예쁜 손을 포기한 이유는 또 있다.

나는 솔직히 죽어서 양지에 조용히 잠들고 싶은데 세상이 그리되지 않고 있으니 부득이 나도 한줌 가루가 되어야 한다.

그리되면 위대한 손도 예쁜 손도 내 손처럼 똑같이 사라지게 될 게 아닌가. 이렇게 허망한 사실을 알고도 허황되었었는지, 아니면 모르고 여태 그랬는지는 알 수 없으나 다 헛되고 헛된 일인 것만은 사실이 아닌가?

그러나 삶이란 욕망의 함정인가 보다. 전부 포기되고 정리되었는가 싶으면 요즈음도 가끔씩 내 마음이 흔들리고 있으니 말이다. 쭈그러진 손이 싫은 때도 있고, 마디진 손이 싫은 때도 있고, 끝내 억센 손이 마음에 걸리니 어찌 내가 속물이 아니겠는가.

다행인 것은 손이 미워서 그나마 내가 이렇게 겸손했던 것은 아닌가 하는 생각이다. 악수 대신 머리를 숙여 인사로 사람을 대했으니 말이다.

결국 죽은 후에는 내 손이 한 일만 평가될 뿐, 그 사람 손이 예뻤다는 말은 그의 인격과는 아무런 상관이 없으리라는 결론을 지으니 다소 속물의 허물을 벗는 것 같았다.

2부

계절의 목로주점
문명으로 오는 희극
다시 핀 해바라기
유월이 오면
민들레의 추억
꽃과 인생
천 원의 행복
'끼'라는 말의 의미
그래도 꽃들은 피고

계절의 목로주점

 아파트 한쪽의 촌스런 화단 속에서 새하얀 옥잠화가 피어났다. 엊그제 팔월의 끝자락에서 망울진 길쭉한 봉오리가 벙글고 있다. 계절 따라 꼭 이맘때면 틀림없이 피는 하얀 꽃. 무더운 여름이면 이보다는 감회가 덜하련만 가을로 다가선 날씨에 피어서인지 그 싸늘함이 더더욱 우수를 자아내는 것 같다.

다른 꽃에 비해 더디 봉오리를 맺고, 피어서도 오래가는 꽃이라서 지고 나면 가을이 성큼 밀어닥친다. 가을을 알리러 달려왔다 돌아가는 모습이 꼭 눈이 유난히 크고 예뻤던 어릴 적 내 친구 같다는 생각이 든다.

 가난한 것과는 아무런 상관없던 '어린 시절의 천진무구한 동심은 아직도 저렇게 깨끗한 꽃 빛이련만…….' 하는 생각을 했다.

 아마도 세상에서 가장 순수한 것이 내게 남아있다면 그때의 동심이 아닐까? 하는 생각이 들어서였나 보다.

 하얀 것이 세상에 하고많아도 개중 제일 새하얀 저 꽃빛을 보면 적이 가슴 속 티끌까지 솜털처럼 날아간다.

 삶에서 물든 마음을 씻어버리면 금방 저리 맑을까. 후회도 아닌 망상으로 사치를 부리는 내가 눈물겹다. 본바탕은 다 저렇게 맑으련만 무엇에 찌들어 이리도 기름에 전 자국으로 산단 말인가. 그 깨끗한 꽃 앞에 오래 머물러 있기도 민망해 돌아서 있어도 눈에 환하게 영인된 꽃빛은 한 가닥 햇살처럼 오래도록 아른거린다.

아파트 우리 화단은 늘 어수선하다. 신기하게도 이 도심 아파트에는 지지리 못난 맨드라미가 주를 이루고 봉선화도 질세라 틈마다 비집고 일어나 핀다. 거기다 과꽃 몇 그루에 색색의 패랭이꽃들이 별나게 키를 키워 너나 없이 서로 어우러져 무질서의 극치를 이루고 있다.

그런데도 그 속에서 목을 쭉 내밀고 점잖게 피어오르는 옥잠화를 보면 마치 우리네 세상살이 같은 생각이 든다.

이리 사는 사람, 저리 사는 사람 다 제 잘난 멋으로 고개를 내밀고 다녀도 세사에 물들지 않고 고고하게 제 삶을 영위하는 새하얀 삶도 있듯이 말이다.

혼돈 속에 가려진 빛이라 해도 그 빛은 바로 저 옥잠화 같은 새하얀 빛이 아니겠는가?

봉선화도 한여름 내내 고향 사람들처럼 소탈한 모습으로 아름답게 피어 화단의 꽃들이 더 정답게 느껴진다. 내가 지난해 국적이 다른 맨드라미를 다 뽑아내자 키만 멀쑥한 토종 맨드라미들이 시골의 정취를 한껏 자아내어 고향의 향수를 달래 준다. 그러니 아무리 무질서한 꽃밭이라 해도 내게는 세상에서 이름난 그 어떤 정원보다도 더없이 소중한 화단일 수밖에.

산다는 건 어울림인가 보다. 봉선화가 있어 맨드라미가 어울리고 그것들이 있어 옥잠화의 고고한 빛이 더 새하얗게, 새하얗게 빛나는 것이리라. 그래, 우리들이 어울려 살아가는 세상이 한결 조화롭고 아름다운 것인지 모를 일이다. 그 속에 나도 그 어떤 꽃으로 피어 이렇게 살고 있을 텐데.

노상 계절의 경계를 이루는 꽃들은 반갑기도 하지만 왠지 모르게 서글프기도 하다. 들국화도 갈대도 길가 코스모스도 무던히 곱고 참으로 낭만을 자아내는 것들이건만 어인 일로 가련하기만 한지 모르겠다.

한동안 긴 침묵 속으로 잊힐 것들에 대한 이별, 그것이 주는 막연한 서글픔이기도 하겠지만 우리는 늘 헤어지는 것에 당황하다가도 종내는 다 잊고 다시 사는 습관에 익숙해는 것 같다.

그렇게도 새하얀 순정이건만 그도 오래일 수는 없었던

지 며칠 후 그 앞에 서니 꽃은 벌써 초라한 흔적만 남기고 어디론가 사라져 버렸고 한쪽 시든 잎사귀들만 맥이 풀려 있었다.

'그 청순한 소녀는 어디로 갔지? 모든 게 참으로 잠깐이야!'라고 자주 하던 입버릇처럼 나도 모르게 속으로 중얼거리고 있었다. 한참 동안 잠기는 허탈은 어쩔 수가 없었다.

문명으로 오는 희극

'정말 부처님께 쌀을 바쳐 눈을 떴을까?'
"글쎄다. 내 생각에는 심청의 효성이 하늘을 감동케 해서 눈은 뜬 것 같은데." 우리 아이들 질문에 답을 하면서도 "그런데 사실은 나도 몰라. 그저 너희들 생각이 바로 답일 거야."라고 막연하게 대답했던 그 해답을 먼 훗날인 바로 오늘에야 나는 확실하게 얻었다.

현대의 기계 문명 속에서 조선 시대의 유물들만 남아 산다는 건 그 자체가 희극이다. 왜냐하면 우리 부부는 둘 다 기계치라서 하는 말이다.

가스레인지가 며칠 전부터 불이 잘 켜지질 않았다. 몇 번씩 버튼을 눌러도 가스만 나오지, 불은 붙지 않기에 "여보, 왜 가스불이 안 켜져요?"라고 도움을 청했더니 영감님은 방에서 꼼짝도 않고 앉아서 "나도 모르지."라고 했다. 그렇게 거의 열흘이 되어가는데도 끼니마다 전투하듯 수십 번씩 버튼을 두들겨 용케 불이 붙으면 찌개를 끓여 먹고 끝내 안 붙으면 아예 그냥 밥만 먹었다.

그러다 하도 답답해서 시집간 서울에 있는 딸에게 가스레인지 상황을 말했더니 전지를 갈아끼우면 된다기에 "어디에 끼워?"라고 했더니 "가스레인지 뒤에 보면 전지 끼우는 데가 있어요."라고 해서 '그쯤이야.' 하고 뒤로 돌려 보니 어디에도 끼우는 곳이 없었다. 또 묻기도 미안해서 관리실에 연락했더니 일하는 분이 왔다. 한데 그분도 더듬거리며 "아니, 이건 앞쪽에 있네요." 다른 것은 다 뒤에 있는데 특

이하다며 내게 보여 주었다.

그런데 전지가 네모로 된 것이어서 끼울 수 없으니 둥근 것으로 다시 사오라는 것이다. 그래서 전지를 사러 가려는데 전화가 왔다.

"점심 약속 안 잊으셨죠?" 아차, 정말이지 까마득하게 잊고 있었는데 흔연히 "그럼요!" 하고는 외출 채비를 서두르다 보니 공연히 다른 사람이 원망스러워졌다.

'내 대신 이런 것쯤은 할 수 있는 남자이었으면 얼마나 좋을까.' 내가 바빠지니까 그동안 쌓인 불만까지 쏟아져 한마디하려고 방문을 열었더니 내가 경비실에 간 사이에 어느새 외출해 버렸다.

일이 그 상황이면 미안한 마음이라도 있으련만 걱정은커녕 몰래 외출까지 하다니. '하긴 있으나 마나지.' 하며 마음을 달래려 해도 하던 일을 싱크대에 널어놓은 채 나가는 게 개운하지가 않아서 자꾸 짜증이 났다.

어찌되든 나는 그냥 외출할 수밖에 없었다. 한데 걸어가면서 뭔가 대단히 흥분된 어조로 나도 모르게 중얼거리고 있었다.

'하나님, 세상에 필요 없는 사람은 왜 만들었데요? 꼼짝도 않고 사는 사람 말이어요. 참 이해가 안 되네요.'라며 불평을 늘어놓고 있었다.

집 밖으로 나와 집안일은 깡그리 잊고 놀다가 밤이 되어 돌아올 때쯤 해서야 다시 가스레인지 생각이 났다.

'언제 전지를 사다 끼워서 밥을 해 줄까? 에이, 저녁은 자장면이나 불러다 먹고 아침에 끼우지 뭐.' 하며 느긋한 마음으로 문을 열고 들어서니 대체 이게 어찌된 일입니까?

노인은 김이 나는 밥이랑 찌개를 놓고 먹으며

"가스불 켜 봐. 불 잘 들어와."

"응? 누가 전지 사 왔어요?"

"응. 내가 사다 끼우고 찌개도 데웠어."

나는 순간 천지개벽이라는 말이 떠올라 혼자 웃었다. 이 날까지 밥을 한 적이 단 한 번도 없을 뿐 아니라, 집안일을 위해 가게에 간다는 건 꿈도 꾸어본 적이 없는 사람이라 정말 놀랄 수밖에 없었다.

'그렇구나, 신은 정말 계시는구나.'

'아까 나갈 때 내가 필요 없는 사람은 대체 왜 만든 거냐고, 이해가 안 간다고 하늘에 질문을 했더니 바로 그 해답이로구나.' 하는 생각이 들었다.

'세상에 필요 없는 것은 아무것도 없다.'라는 말이 떠올랐다. 존재하는 모든 것은 다 제 나름의 가치가 있는 것이다. 길에 구르는 돌 하나도 다 쓸모가 있어 만들어진 것이라고 어느 책에서 읽었던 말이 떠올랐다. 그러니 만물의 영장인 그가 어찌 쓸모가 없단 말인가? 다만 '네가 그의 가치를 인정하지 않아 생긴 허물이 아니냐?'고 그분이 나를 나무라는 것 같아 한동안 그 사람 몰래 그를 물끄러미 바라보았다.

거의 열흘을 끙끙대도 전혀 무감각했던 그가 오늘은 어쩐 일로 생전 안 하던 일을 그것도 한 가지도 아니고……. 정말 알 수 없는 일이었다. 더구나 그 무서워하는 가스레인지를 만졌을 뿐 아니라 안 하던 밥까지 하다니 이건 반드시 신의 응답이라는 생각이 들었다.

'꼭 하지 않아도 괜찮아서 안 했을 뿐, 네가 지금 절대적으로 필요한 사람은 이 집에 나밖에 없지 않아?' 라고 그가 속으로 내게 말하는 것 같아 돌아서서 몰래 웃었다.

그때 "심 봉사가 눈을 뜬 것은 공양미가 아니라 심청이의 간절한 소원이 하늘에 닿은 거야."라고 말한 내 대답이 정답 같아 혼자 웃었다.

다시 핀 해바라기

어느 꽃인들 아름답지 않은 꽃이 있으랴만, 해바라기만큼 사람들 가슴을 환한 기쁨으로 가득 채워주는 꽃은 드물 것 같다. 아마 내게 관한 일일지는 모르겠지만 어디서든 해바라기만 보면 발길이 멈추어진다. 하지만 오래 잊고 있었던 건 메마른 내 생활 때문이었나 보다. 한데 요즈음 들어 해바라기가 가끔씩 그리워지는 건 왜일까?

때마침 누가 버렸는지 뒤뜰을 걷다가 말라비틀린 해바라기 화분 하나를 주웠다. 화분엔 꽃대가 제법 올라온 해바라기가 대여섯 그루나 심겨져 있었다. 참으로 기이한 일이다. 그렇지 않아도 올봄엔 꼭 해바라기 몇 그루를 뒤뜰에 심고 싶었었는데 대체 누가 내 마음을 이렇게 알고 있었단 말인가. 나는 냉큼 화분을 주워다가 우리 베란다 밑에 잘 심고 아침저녁으로 물을 주었다. 볼품없이 늘어졌던 잎은 금방 회복되어 생기로웠다.

　얼마 안 되어 해바라기는 마음이 놓일 만큼 튼튼하게 자라기에 한동안 잊고 있었더니 이게 어찌된 일인가? 여느 날처럼 일어나 커튼을 걷자 노란 꽃 한 송이가 키를 세우고 날 보며 활짝 웃고 있는 게 아닌가. 그새 잊고 있었기에 문을 열고 보았더니 베란다 밑에 심은 해바라기가 핀 것이다.

　'참으로 행복이란 누가 말했듯이 별것이 아니구나.' 하며 감상에 젖어 발길을 떼지 못했다. 며칠을 아는 이들에게 꽃 자랑을 했더니 어떤 이가 "해바라기가 그렇게 귀한 꽃도 아닌데 뭐 그렇게 좋아해요?"라고 하기에 나도 그제서야 '그래, 언제부터 이렇게 내가 해바라기를 좋아했지?'라고 스스로에게 반문을 하다가 '아, 참으로 길고 오래된 추억인데 그로 인해서 아직까지 내가 해바라기를 기억하고 있는 것인가.'라는 생각을 했다.

내 나이 스물 조금 넘어서였다. 내가 그 집에 들어서자 그들 부자는 작은 뜰을 손질하고 있었다. 당대 유명한 시인의 집이었다. 작은 기와집 대문을 들어서자 좁은 공간의 화단에 국화꽃 몇 그루가 있었던 게 퍽 인상적이었다.

아들은 자기 방으로 날 안내하더니 심심할 테니 이 화집이나 보라며 세계명화 전집을 꺼내 놓았다. 그러면서 "누구의 그림을 좋아하느냐?"고 물었다.

나는 시골 학교에서 미술 시간만 있지 예능과 선생이 없어 크레파스 한번 만져 본 일도 없는 처지라 갑작스런 질문에 난감할 수밖에 없었다. 난 그냥 멍하니 바라보고만 있었더니 그는 자기가 좋아하는 그림이라며 모네의 수

련을 보여 주었다. 나는 처음 보는 그림이라 뭐가 뭔지 알 수가 없어 당황스러운 표정만 지었다. 그는 눈치를 챘던지 설명을 하다가 내게 책을 밀어 주며 누구의 그림이 마음에 드는지 보라고 했다. 안 볼 수도 없는 상황이라 뒤적이다가, 나는 정말 체면을 세울 수 있는 기회를 얻었다. 시골 우리 집 울타리에 해마다 피는 해바라기가 거기 있는 게 아닌가. 나는 얼른 "이 해바라기가 참 예쁘네요."라고 했다.

그는 "그럼, 그렇지. 고흐 그림을 좋아할 줄 알았어요."라고 하며 내가 마치 그 그림을 아는 줄 알았는지 무식하지 않아 퍽 다행이라는 듯 너무 좋아했다. 체면을 겨우 세우고 내가 일어서자 그는 어느새 잘랐는지, 그 전집에서 해바라기를 떼어 내게 주었다. 그러면서 그가 한마디했다. "이 해바라기는 영원히 시들지 않아요. 불후의 명작이니까요."라고 했다.

어쨌든 그 사건으로 인해 그 후 나는 명화에 관심을 가지게 되었다. 그래서 많은 화가들의 그림 제목들을 알게 되었다. 그리고 그때 처음 알게 된 '해바라기'가 고흐의 걸작이라는 걸, 해바라기만 나오면 알은척했다.

모든 것에 편견이 심했던 나는 제 취미대로 살면 그만이라고 고집부리며 살다가 무식으로 인해 혹독한 곤혹을 치렀다.

그 그림이 유명한 명화라는 걸 안 후로 나는 의미를 새기며 오래도록 소중히 내 일기장에 붙여 간직했다. 꼭이 그런 의미가 아니라도 시골집엔 울타리를 대신해서 해바라기를 심어 여름을 화려한 계절로 수놓던 고향집 꽃이라 늘 내 가슴에 피어 있었던 것 같다.

나는 얼마 전에 단독 주택에서 이 삭막하기 그지없는 아파트로 이사를 했다. 사방이 온통 시멘트라서 각박한 느낌일 수밖에 없다는 게 마음으로는 이해가 되면서도 자꾸 시골집 해바라기 울타리가 그리웠다. 그러던 터에 올해는 요행히 아파트 뒤 창 밑에다 해바라기 몇 그루를 심어 그 꽃과 더불어 아름다운 기억 속에 살 수 있다는 게 참으로 행복하다.

불후의 걸작을 남기지는 못하더라도 한세상 이렇게 아름다운 추억 속에 살 수 있다면 이것 또한 행복이 아니겠는가.

유월이 오면

 지금도 그 뒷산 뻐꾸기는 어떤 가난한 소년을 위해 햇빛 찬란한 황금빛 보리밭 곁에서 종일 울어대고 있을까.

 우리 집은 옛날에 일할 수 있는 사람이 없는 농가라서 외가댁에서 서른이 다 기울도록 장가를 못 가고 혼자 사는 친척 아저씨를 보내주어서 그분이 농사일을 맡아 하셨다

 그러던 어느 날, 나이가 지긋이 들어 보이는 어떤 새 일

꾼을 데려왔다. 새로 온 이는 일본에서 살다가 광복 후 조국을 찾아온 분이라는데 그때 가지고 나온 돈푼은 다 없어지고 집도 마땅한 일거리도 없이 지내다가 우리 아저씨를 만나 함께 우리 일을 하기로 했다고 한다. 언뜻 봐도 일할 사람같이 보이지 않는 분이었다.

우리 아버지는 타지에 계시던 때라 주말마다 오셨는데 곧잘 그분과 시국 토론도 하고 밤늦게까지 약주도 나누며 정직하고 학식도 있는 사람이라고 칭찬하셨다. 그런 연유로 해서 그 댁 식구들은 우리 집에 와 가끔씩 일을 거들어 주며 임금으로 곡식을 받아가 생활하는 처지였다.

그 댁 둘째는 나와 같은 또래였는데 학교에서 수석을 놓치지 않는 수재라고 했다. 그래서 열한 명 형제들 중 유일하게 학교에 다닐 수 있다고 했다

우리 아버지는 공부 잘하는 그 아이가 마치 당신 아들인 것처럼 그 소년을 귀여워하셨다. 그건 지지리도 꼴찌만 하는 당신 외아들에게 바라는 소망이었던 것 같다. 그런 이유로 해서 그 소년은 가정 교사로 우리 집에서 우리 동

생과 함께 기거하는 날이 많았다.

그런 바쁜 일과 속에서도 소년은 일요일에는 항상 들에 나와 자기 아버지와 함께 김도 매고 때로는 밭곡식도 거두는 힘든 일도 했다. 그러고도 밤늦게까지 우리 집에 와서 동생을 가르쳤고 자신도 새벽까지 불을 켜 놓고 공부를 하곤 했다.

6·25를 겪은 후라서 그랬겠지만 어느 날 나는 1950년대를 상징하는 것 같은 그의 집을 심부름으로 처음 가 보게 되었다. 소년네는 해방 후 조국이라고 찾아왔으나 도움이 될 만한 친척도 없고 어린아이들도 많아서 많은 고생을 하다가 동네 빈 방앗간 한쪽을 얻어 흙담으로 쌓아 방을 두 칸 만들어 살고 있었다. 방앗간은 낡아서 겉모양은 거의 사람이 사는 집이라고 볼 수 없을 정도로 헐어 있었다. 그런데도 그 방 모퉁이에 서까래 두어 개를 걸쳐 방이라고 가마니를 깔아서 만든 공부방이 하나 있었다. 그 집으로서는 고등학교를 다니는 단 하나의 자식이고 그나마 수석까지 하는지라 온 가족의 유일한 희망이라서 그 어려운 환

경 속에서도 공부방을 만들어 준 것이란다.

그 방에는 한쪽 다리가 없는 부서진 책상이 하나 놓였을 뿐 아무것도 없었다. 그 소년은 나를 보자 책 몇 권을 방에 놓으며 가마니에 앉지 말고 책 위에 앉으라고 했다. 나는 책을 얼른 거둬 책상 위에 올려놓고 미안한 표정을 감추지 못했으나 그는 그냥 돌아앉아 읽던 책을 다시 읽기 시작했다.

그때 그 침묵 사이로 쏟아지던 뻐꾸기 소리는 지금도 귓가에 머물러 내 가슴을 설레게 한다. 그는 《베르테르의 슬픔》을 읽고 있었는데 책을 읽으면서 문도 없는 방으로 마구 쏟아지던 찬란한 유월의 햇살에 눈이 부셔 가끔 책으로 가리며 밖을 한참씩 쳐다보곤 했다.

얼마의 시간이 흘렀을까. 그는 혼자 앉아 있는 나에게 미안했는지 '아름다운 자연과 더불어 사는 게 얼마나 행복한지 아느냐'며 자연 속의 자기 움막집을 자랑했다.

그 소년은 소아마비였다. 공부는 잘했지만 장학금을 받는다 하더라도 서울로 유학을 보낼 수 있는 형편이 아니라서 육사를 지원했지만 좋은 성적을 얻고도 신체검사에서는 불합격할 수밖에 없었다.

그해 나는 타지로 갔고, 방학 때 집에 와서 그와 만나게 되었다. 하얀 찔레가 무더기로 피어 있는 보리밭 길을 걸었다. 그는 "자연은 어떤 법칙도 없이 이렇게 자유롭고 평화로운데 인간은 무슨 규제가 그리도 많으냐."며 쓸쓸히 웃었다. 소아마비는 내 힘으로 막아낼 수 없는 불가항력의 질환인데 왜 인간으로부터 버림을 받아야 하느냐는 항변이었다. 그러면서 그동안 나는 소아마비를 또 한 번 크게 앓고 일어났다며 "모든 것을 잃어야 하는 게 내 숙명인가 보다."라고 했다. "그렇지만 내겐 지금처럼 아름다운 시절은 다시 없을 것"이라며 쓸쓸히 웃었다. 그날도 뻐꾸기는 물정 모르는 듯 울어댔고 태양은 더욱 찬란하게 우리에게 쏟아지고 있었다.

그해 겨울이었다. 내가 집에 와 그의 소식을 물으니 그는 지난가을 어디론가 아무도 모르게 떠나버렸다고 한다. 그 후 몇 년이나 식구들에게도 소식을 끊어 아는 이가 없다고 했다.

 그 댁 식구들도 몇 년 그곳에서 아들을 기다리다가 멀리 이사를 해서 더는 만날 수 없었던 그 소년.

 이제 우리는 노년에 이르렀다. 그 불행한 시대에 불운하게 태어났던 그 소년은 그 후 어디에서 무엇을 하며 지내고 있는지. 그 가난 속에서도 뻐꾸기 소리를 들으며 자연을 사랑할 줄 알던 소년이 이런 시대를 어떻게 살았을까 가슴이 시리다.
 유난히 햇빛이 찬란한 유월이면 아직도 나는 그 들판의 황금빛 보리밭과 진종일 울어대던 뻐꾸기 소리가 방안에 가득하던 그 움막의 소년이 그리워진다.

민들레의 추억

 '사람이 다시 과거로 돌아갈 수 있다면 우리들에게는 추억이라는 아름다운 작용이 없었을까?' 하는 궁금증이 난다. 돌아갈 수 없어서 이리 그리운 것은 아닌지 모를 일이다.
 고향보다 더 오래 산 곳이 있는데도 태어나 열 살까지밖에 살지 않은 곳이 평생 내 추억의 뒷동산으로 남아 있다는 게 참 신기하다. 누가 고향을 물으면 서슴지 않고 어린 시절 잠깐 살았던 그곳 이름을 얼른 댄다. 마치 시험 답을 외우고 있듯이 금방 나온다. 하긴 길게 살았다고 해서 아름다운 것은 아니겠지만 그래도 세월이 있는데 정말 묘한 일이다.

학교가 이십 리 길이고 보면 어린 나이로는 다닐 수도 없는 거리라서 으레 동네 언니 오빠들이 데리고 가야 하는 먼 거리의 학교 길이었다. 그 바람에 학교 가다가도 언니들이 등굣길에 한눈 팔고 찔레 꺾으라면 꺾어야 하고, 삘기 뽑으라면 뽑아야 하니 일학년 때부터 학교생활이 엉망이 되기 일쑤였다. 하지만 다행히 해방이 되자마자 우리집은 우리들 교육 문제로 도시로 이사를 했다. 그래 열 살에 고향을 떠났는데 어찌된 일인지 이 나이 들도록 '고향'이라는 말만 들으면 나는 왜 그곳이 떠오르는 것인지. 그 후 오랜 세월 산 곳이 응당 더 오래 기억에 있어야 할 텐데 어찌 겨우 십 년 남짓 산 곳이 이렇게 나를 붙잡는 것일까?

학교 가는 길이 없는 것도 아니었다. 일제 말기라서 신작로가 시골까지 났다. 지금도 그 신작로는 뻗어 있다. 그런데도 우리는 장마로 부득이한 경우가 아니면 언제든지 샛길로만 다녔다. 샛길은 물론 밭 곁으로 난 풀밭이다. 학교에 다 가도록 찔래가 피고 지고. 그보다 더 기억에 아름다운 것은 길가에 핀 노란 민들레이다. 어쩌면 그렇게도 키가 훌쩍 컸던지! 꺾어 들면 장미꽃처럼 손에 쥐어 나풀거렸던 탐스런 민들레 꽃. 봄 한철 다 가도록 예쁘게 피어 꽃길 만들어 주던 그 민들레 꽃. 그리고 나면 하얀 씨앗으로 바람에 흩날리면 풀밭에 넘어지며 잡으러 따라가던 그 꽃씨는 지금도 멀리멀리 꿈을 실어 나르겠지.

그로부터 반세기가 훨씬 지난 지금 그때에는 상상도 하지 못했던 아파트에서 나는 살고 있다. 하지만 다행히 일층으로 이사를 한 덕분에 창으로 뒤뜰 흙이 보인다. 이른 봄이면 시골처럼 풀들이 솟고 옛날에 어렸을 때 캐던 나물도 나고 민들레도 일찍 피어 나를 반겨 준다. 한데 이 아파트에 피는 민들레는 잎이 자라기도 전에 꽃이 피어 어찌나 키가 작은지 공연히 신경이 쓰인다. 그러나 무엇보다 더 언짢은 것은 내 아름다운 추억을 일그러뜨리는 일이다. 어린 시절 내 친구들이랑 함께 놀던 그 샛길의 탐스러운 민들레의 모습을 깡그리 망가뜨리는 게 정말 속이 상하다. 한 해도 아니고 이른 봄이면 꼭 다시 피어나 아파트에 봄을 피우는 게 고맙기는 하지만 자꾸 거부감이 드는 건 어쩔 수가 없다. 땅이 메마르거나 아니면 도시의 공해 때문인지도 모르겠다는 생각을 하면 안타까운 생각이 드는 것도 사실이나, 어쨌든 눈에 뜨일 때마다 자꾸 신경이 쓰인다. 그러던 어느 날 문득 '혹 저런 종류가 따로 있을지도 모르겠다.'는 생각이 떠올라 얼른 컴퓨터에서 민들레를 찾아보았다. 해답을 보면서 나는 어찌나 기뻤던지.

"민들레는 두 종류가 있는데 보통은 키가 10-15 센티인데 난쟁이 민들레는 잎과 동시에 꽃이 바로 솟아 핀다."

라고 설명되어 있었다. 설명을 읽으니 정말 속이 후련했다. 왜냐하면 옛날 고향 풀밭에 피던 그 아름다운 민들레는 지금도 거기 그대로 피고 있을 것 같아서이다. 혹시 각박한 세태로 인해 민들레마저 이렇게 변종된 것은 아닌가, 하던 내 우려가 빗나간 것이 정말이지 다행이었다.

내게 있어 민들레는 여전히 아직도 내 기억 속의 민들레일 뿐, 난쟁이 민들레는 결코 받아들일 수 없을 것 같다. 물론 꽃은 꽃이다. 그래도 기억 속의 내 민들레는 잊지 못할 어린 날의 친구가 아니던가. 친구들 얼굴 속에 언제나 활짝 웃고 피어 있는 내 친구. 키가 훌쩍 크고 탐스러운 그 얼굴을 차마 어찌 눈 감는다고 잊을 수 있으리.

'이렇게 키 작은 종자가 있다 해도 시골처럼 좋은 토양이라면 이보다는 더 자랄 수 있지 않을까?' 하는 안타까움은 여전히 아쉬움으로 남는다.

세상이 변한다 해도 아름다운 것들은 살아남아서 아름다운 세상을 만들어야 할 것 같은 내 소견은 어디서 온 것인가. 세상이 모두 아름답기만 하면, 하긴 미학이 어찌 존재하겠는가?

꽃과 인생

　누군들 꽃을 좋아하지 않을까마는 어쩌다 나도 이렇게 꽃을 좋아하게 되었는지 우연은 아닌가 싶은 생각이 든다. 하긴 우리 어머니가 꽃을 참 좋아하셨다. 그분은 평생을 꽃과 함께 사셨다.
　채송화든 봉선화든 자리만 나면 심으셨다. 나중에는 상당히 이름이 있는 나무들도 가꾸셨다. 그중 고목이 진 동백은 정말이지 예술품이었다. 기품 있는 모과나무라든가 그때만 해도 희귀했던 하얀 진달래까지 기타 등등 시골집엔 별로 격이 맞지 않은 귀한 나무들까지 참 잘 가꾸셨다.

하지만 귀먹은 것처럼 뒤돌아 헤아리지 않고 가는 인색한 세월은 우리 어머니에게도 자비를 베풀진 않았다. 어머니가 떠나신 빈 친정집엔 평생 그렇게 아끼던 나무들만 우두커니 서 있었다. 어쩌면 그렇게도 처량하던지. 그때 나는 비로소 어머니가 내게 남긴 유산을 가슴에 담았다.

그것이 바로 내게 준, 꽃을 사랑하는 마음, 후천적 유전인가 해서이다.

우리는 젊어서는 공연히 바쁘다. 현실보다 묘하게도 젊음이란 어떤 그 시기만의 독특한 향연으로 해서 정신없이 쫓겨 가는 것 같다. 그래서 꽃에 별 의미를 두지 않는다. 자신이 꽃보다 더 당당해서이었을까?

나는 중년에 접어들어서야 그간 마음밭에서 계절도 없이 피고 지던 꽃들이 밖으로 뿌리 뻗기 시작했다.

하나둘 화분이 늘어나고 남의 집 꽃에 욕심을 부릴 줄

도 알게 되었다. 가끔씩 몰래 남의 집 앞 들꽃까지 뽑아다 우리 집에 심었는데 그 꼴이 꼭 누군가의 모습을 그대로 재현하고 있다는 생각이 들어서 꽃을 심으며 혼자 웃기도 했다.

어머니란 그대로 내 인생의 선구자였다. 배운 적도 없었고 그리하라고 가르친 일도 없는데 유전이란 선천적인 것만은 아닌가 보다. 후천적으로도 어려서 보며 자란 영상들은 모르는 사이 유전처럼 정신에 스며들어 그대로 드러나는 것 같다.

생각해 보니 어릴 적 외갓집도 집 주위로 빙 둘러 꽃밭이었던 기억이 난다. 아무래도 꽃 사랑은 삼대의 물림인 것 같다.

어쩌면 인생길도 우리 영靈이 우둔해서 보이지 않을 뿐, 이미 공중의 비행기 길처럼 나 있는지도 모르겠다. 뒤따라가는 길이 똑같으니 말이다.

한때는 우리 집 여인들이 혹시 자연 결핍증인가, 싶었는데 결혼 십여 년째 접어들면서 두 여인들도 꽃에 관심이 시작되어 얼마나 반가웠던지. 참으로 다행한 일이었다. 세상도 혹독한데, 거기에 사는 우리들까지 사막 같아서야 어찌 살맛이 나겠는가?

며느리와 딸이 어쩌면 그리 똑같이 화분 하나 없어도 말짱하던지 내심 걱정을 했었다. 그런데 그들도 그때 내 나이 되니 꽃에 관심을 가지게 되고, 지금은 양쪽 집 다 아파트 실내 꽃밭 가꾸기에 열을 내고 있으니 어찌 우연이랴.

큰일은 아니지만 무정한 세월 속에서 그래도 한 계절을 붙잡고 내 인생을 향유하고 싶지 않겠는가? 지금은 아파트에 살지만 다행히 앞뒤로 나무들이 서 있고, 실내엔 꽃들이 계절 없이 피어 있어 그런대로 정신적으로 삶이 풍요로워 좋다. 그런 의미로 보면 참 다행이다. 저들에게도 꽃 사랑에 대한 후천적 유전인자가 이어지고 있으니 말이다.

지난해 지인이 아말리아리스라며 병문안을 오면서 꽃화분을 사왔다. 그 해 꽃이 피고 졌기에 잊고 있었는데 봄이 되자 싹이 넙죽 나오더니 옆에 튼실한 꽃대까지 솟았다. 나는 꽃이 피기도 전에 가슴이 마구 뛰었다. 그렇게 큰 꽃을 본 적이 없었던 터라 지난해에 너무 벅찼던 기억이 다시 살아나서이다. 꽃은 지난해보다 훨씬 더 크게 피어났다.

요 며칠 나는 그 꽃을 어떻게 환영해야 좋을지 몰라 맨날 창을 열고 나가 곁에서 서성이다가 또 그의 황홀함에 빠져 "아유!" 하고 외마디 감탄뿐 달리 말을 찾지 못하고 멍히 서 있다 들어오곤 했다.

나는 매일 그를 환영할 기발한 환영사가 떠오르지 않아 꽃을 보기가 무안했다. 그런데 오늘 겨우 "창조주가 세상 다 지으시고 하도 기뻐서 아마 너를 만들어가지고 '네가 내 대신 내 기쁨을 나팔로 불러대라.' 그래 지으셨구나!"라고 한마디하고 나니 속이 다 시원했다. 그렇게 황홀한 꽃을 보고도 감격 한마디 말할 수 없는 주인이라면 자격이 없는 것 같아 벼르다 겨우 한 말이다. 영락없이 트럼펫같이 생긴 것이 어찌나 크고 빛깔마저 새빨갛게 정열이 넘쳐흐르는지 아마 나팔 소리가 들린다면 마을이 요동할 것 같은 느낌이라서 그리 생각한 것 같다.

그 꽃이 피어 있는 동안 나는 정말 황홀한 꿈속이었다. 그러니 어찌 꽃을 가꾸지 않으랴. 그런 꽃은 지고 나면 그만큼 마음의 공허도 커질 것이다. 하지만 며칠의 향연이라 해도 세상 어떤 것으로 이렇게 큰 행복을 대신할 수 있겠는가?

별 유산은 없으셨지만 꽃과 더불어 인생을 향유하신 여유를 유산으로 물려주신 어머니가 세상 살아갈수록 내게는 더 자랑스럽다.

천 원의 행복

　며칠 전, 나는 '새만금 난 전시회'에 구경 간 적이 있다. 헤아릴 수 없을 만큼 많은 난들이 제각각 최대의 모양을 내고 모여 있었다. 춘란 축제라서 눈에 익은 것도 많았다.
　우리 집에서도 한때 난을 기른 적이 있었다. 난에 대한 관심으로 기른다기보다는 거의 남들도 키운다니까 나도 키운다는 과시용인 셈이었다. 몇 년이 지나자 시들부들한 모습이 안타까워 틈실한 몸매를 찾아주려고 땅에 심어주고 싶었다. 어차피 그 추운 겨울에도 산골 응달에서 버틴 다기에 '그럼 너도 화단에서 뿌리내리고 자연의 섭리에 따라 살거라.' 하며 모조리 내다가 화단 담밑이나 화단 큰 나무 밑에 마구 심었다.

이듬해 봄이 오자 정말 궁금했다. 눈 속에서 죽었는지 살았는지 자꾸 마음이 쓰였다. 한데 춘란들은 참으로 건재했다. 야생의 억센 모습을 하고 힘차게 솟고 있었다. 새싹이 워이워이 하며 솟아나고 있었다. 그러더니 이게 어인 축복인가? 꽃대가 여기저기서 솟더니 꽃이 피는 것이다.

정말 기뻤다. 노랗게 영양실조에 걸렸던 난들이 아주 건강해서 더더욱 기뻤다. '역시 자연은 인간의 힘에 의지하는 것보다는 저희끼리 사는 걸 더 좋아하는구나.' 하며 평범한 이치를 몇 번이나 되뇌어 보았다.

삼사 년이 되자 모두 포자를 달고 이젠 완전히 제구실까지 하는 게 아닌가. 포기도 번지고 나름대로 제 군락을 이루고 있었다.

하지만 우리는 그 집에서 우리들만 이사를 왔다. 하나쯤 화분에 담아 와야 하는 것을 그러지 못했다. 그래서 우리 집 춘란은 대가 끊기고 지금은 확실한 국적도 없는 난들 몇이 우리랑 살고 있다.

나는 오늘 춘란이라고는 믿기 어려운 예쁜 꽃들을 보면서 울컥 내 무식과 무정한 마음에 똑바로 난을 보기가 민망했다. 내심 별로 가치 인정을 안 했던 게 몹시 부끄러웠다. 자연에서 계절과 더불어 사는 춘란이야말로 난 중 난이 아닌가? 내 땅이면 어디에서나 잘 사는 그들의 의지가 이제야 고귀하게 느껴졌다.

옛 우리 집 난들은 지금 어떻게 되었을까? 토종 난을 보며 몹시 보고 싶었다. 하나쯤 여기에 낄 수도 있었을 텐데.

거기에 전시된 모든 난들은 다 한국산 토박이들이란다. 순종이 아닌 것은 아예 자격 탈락이라 한다.

왠지 모르게 그 말이 내내 가슴을 흐뭇하게 했다. 요즈음 순종의 가치에 대해 나도 모르게 중독되고 있었기 때문인지도 모르겠다. 나는 우리나라 '토종들'이라는 말에 더 흥분했지 싶다.

하긴 수상작이라 해서 더 돋보인 것인지도 모르겠다. '수채색설화'라는 이름을 달고 있는 난은 어떻게 그리 고운 빛깔이 만들어졌는지 아무리 신의 솜씨라 해도 도무지 세상 꽃 같지가 않았다.

그중 '중투호'라는 난은 잎이 노란 황금색인데 그대로 한 폭의 예술품이었다.

나는 전에 우리 집에서 피던 것만 춘란인 줄 알았는데, 형형색색 그야말로 온갖 빛깔과 다양한 모양의 춘란이 있는 것을 보고 놀랐다. 하도 신비한 것들이 많아 가격을 물었더니 많게는 기천만 원을 호가한다 해서 그저 구경만이라도 황홀했다.

난을 본 감격을 안고 집으로 돌아오는데 길가에다 활짝 핀 풀꽃들만 주르르 놓고 파는 아주머니가 있었다. 발을 멈추고 서서 한참 동안 쭈그리고 앉아 이것저것 다 안아 보다가 노란 꽃을 들고 "이거 얼마요?" 하니까 "천 원이요."라고 했다. 나는 이름도 모르는 작은 꽃 화분 두 개를 사 들고 집으로 오면서 별나게 마음이 들떠 괜스레 사람들을 보며 미소를 지었다. 놓을 곳을 알면서도 못 찾는 것처럼 들고 다녔다.

그 순간 나는 '천 원짜리 꽃으로도 이렇게 행복한데 기천만 원의 꽃을 사는 사람은 어떤 행복일까?' 갑자기 궁금해졌다.

기쁨에도 금액의 대소에 따른 어떤 단위가 있을까? 나는 언제나 이렇게 이만큼 좋으면 최고치인데 그 고가의 꽃은 어떤 기쁨을 주는지 궁금했다.

하지만 나는 결론을 내렸다. 이렇게 기쁘면 그만 아닌가. 왠지 난 꽃은 그 나름의 품위를 지니고 있어 쉽게 다가갈 수 없는 격이 있는 꽃이라면 풀꽃들은 우선 누구나 쉽게 사귈 수 있는 서민스런 인정을 지닌 느낌이라서 내게는 한결 더 마음이 편해 좋았다.

결국 꽃이란 어느 꽃이나 똑같이 아름답다는 결론을 스스로 내리니 한결 '천 원의 행복'이 온 집안에 가득 퍼지는 듯했다.

'끼'라는 말의 의미

 나는 전쟁 때 16세의 소녀였다. 그때, 6·25 전란이 일어나 포화를 피해 방공호에 들어가 있을 때에도 나는 우리 집 방공호에서 《안네의 일기》를 읽으며 지루한 전쟁을 버틸 수 있었다.

 먼 훗날 생각해 보니 '그것이 삶을 지탱해 주는 원동력이 아니었을까.' 하는 생각을 했다. 어떤 고난에서도 나는 늘 꿈을 꾸었다. 곧 지나갈 거야, 그렇게 스스로를 위로했던 그리고 희망을 가졌던 건 순전히 내게 남이 모르는, 때로는 나도 의도하지 않은 내 안의 '바람기' 즉 아름다운 바람이 내면으로 불고 있어서 그 고통을 넘겼던 것 같다. 이것은 '누구에게나 신이 주신 생명 보존의 선물이 아닐까.' 하는 생각을 해본 적도 있으나 어쨌든 그 바람기는 희망의 씨앗이었다.

새로운 사건에 몰두하면 '바람났다.'고 한다. 그 바람의 의미는 '새로운 세계에의 도전'이라는 뜻이다. 그 비중이 가장 큰 것이 바로 남녀 간의 사랑이라서, '바람났어.'의 의미가 왜곡되고 있는 것도 사실이다. 하지만 바람이란 어떤 것에 온 정신이 쏠렸을 때 흔히 사용하는데 내가 이 바람 중에 가장 아름다운 바람이라고 생각하는 것은 '끼'라고 말하는 그 바람이다. 어느 것에 도취하는 그 끼. 정신 차릴 사이 없이 거기 미치는 그 열정을 바람이라면 바람 자체는 아름다운데 그중 꼭 남녀의 관계에만 유독 바람을 붙여서 근원적 열정이라는 의미가 왜곡되는 것 같아 섭섭

하다.

 바람은 자유 의지라서 바람기라는 말 역시 '인간 내면에 이는 자기의 꿈을 찾아가게 하는 변화의 새 바람이라는 뜻이 아닐까?' 하는 생각이다.

 지금도 내 마음에는 이런 바람이 때때로 일어 이렇게 살고 있는 것은 아닐까. 삶의 열정, 그 바람기가 사라지는 날이 삶의 종말이 아닐는지.

그래도 꽃들은 피고

 '어찌 살아도 한평생'이라는 속어처럼, 어차피 한세상 사는 건데 참 까다롭게 살다가 막다른 골목에 서 있는 90객 노인을 새해 꼭두새벽에 뵈러 갔다.
 시집을 가려고는 했으나 눈높이에 맞는 사람이 없어서 고르다, 고르다 그만 그 나이에 이른 것이다. 내가 시집오던 해에 벌써 40세가 넘었는데도 시어머니는 이 딸을 마치 어린애 다루듯 온갖 뜻을 다 받아주고 있었다. 그러던 어머니가 세상을 뜨고 난 후로는 혼자 사는 처지가 되었다.

오로지 하는 일이라고는 종일 그 큰 집 마루에 혼자 앉아 뜰의 화초를 가꾸는 일뿐이었는데 지금도 평생 함께 사는 그 화분들을 마루에 올려놓고 그것들에 둘러싸여 있었다.

이젠 거동이 불편해서 움직이는 일도 힘이 드는지 화분들이 다 말라 있었다. 내가 물을 주려고 하니, 그냥 놓아두라고 당신이 알아서 해야 한다며 정색을 하는 바람에 그냥 앉아 있었다.

그 목마른 것들 중에는 계절이 한겨울임에도 정말이지 화사하게 몇 송이나 꽃이 피어나고 있었다. 무엇 하나 싱싱한 것이라고는 찾아볼 수 없이 모두 다 시든 이 집에서 게발선인장 꽃이 아무것도 모르는 철부지처럼 피어 있었다. 그 꽃을 보는 순간 알 수 없는 눈물이 핑 돌았다. 오로지 죽음만이 넘나드는 그 공간에서도 역설처럼 꽃이 피어 있었기 때문이다.

아이들 고모는 이렇게 꽃이 핀 걸 아는지 모르는지 그토록 자랑하던 꽃 이야기도 끊긴 지 벌써 오래다.

그래도 아직은 꽃에 가끔 물을 주긴 하나 보다. '그 일마저 잊을 날이 올 텐데.' 하고 생각하니 아직 살아 있는 화분들이 몹시 애잔했다.

나이가 90이니 살면 얼마나 더 사실까? 가끔씩 엉뚱한 이야기도 하시고, 알아들을 수 없을 정도로 발음도 흐려서 몹시 걱정이 된다.

아직도 햇볕 한번 못 보고 현관에 처박혀 있는 많은 선인장들이 나를 물끄러미 바라보며 어떻게 자기들 좀 해결을 하고 가라고 애원하는 것 같았다.

하지만 절대로 양보하지 않는 손길을 어찌할 도리가 없어 안타까울 뿐이었다. 유난히 화초를 아끼는 사람이라고 단순히 치부했었는데 이제 보니 그것들은 단순한 화초의 의미를 넘어서 이 세상에서 오직 당신과 더불어 사는 유일한 가족임을 알았다.

고독한 인생을 함께하며 인간 이상의 어떤 교감이 있었

나 보다. 그래서 아무리 한 뿌리만 떼어달라고 해도 그 누구에게도 꽃 가지 하나 떼어주지 않아 지독한 깍쟁이로만 알았던 그 이유를 이제야 알 것 같았다.

평생을 기른 것이라 이젠 모두 다 아주 큰 선인장들이 되어 있었다. 실은 나도 욕심이 나긴 하지만 이제껏 누구에게 주는 걸 못 봤으니 허사일 성싶어 하나 달라는 말을 하지 못했다. 그런데 오늘 보니 그것들은 단순한 식물이 아닌 그 이상의 어떤 의미임을 알았다.

당신 부모님, 그리고 다 멀리 떠나버린 형제들, 그러나 그것들은 남아서 다 떠나버린 인간의 빈자리를 채워준 분신 같은 존재들이라는 생각을 하니 몹시 가슴이 아팠다. 그래서 그렇게 아끼고 사랑했나 보다.

아이들 고모의 내면이 보여 발걸음이 냉큼 떨어지지 않는 것을 뒤로하고 또 오마고 실없는 한마디를 인사로 남기고 돌아섰다. 당신도 여느 때처럼 담담히 배웅을 했으나 담 모퉁이에 와서 뒤돌아보니 멀리 사라지는 나를 창밖으로 멍히 바라보고 계셨다.

집에 돌아오니 아이들 고모의 그 쓸쓸한 얼굴보다 철부지 같던 선인장 얼굴이 왜 자꾸 눈에 밟히는지 한동안 마음을 가누기가 힘들었다.

한때는 자신이 꽃보다 더 아름다웠으리라. 그러나 '인생은 시들어도 꽃은 다시 피어나는 걸 보며 당신 청춘의 환생 같은 위안으로 그렇게 사랑했구나.' 하는 생각이 들어 철없이 웃는 게발선인장을 두 손으로 어루만져 주었다.

아이들 고모가 돌아가시고 나면 덩그렇게 남아 어쩔 줄 모를 저 선인장들. 나는 속으로 다짐했다. '우리 남은 사람들이 당신이 사랑한 만큼의 사랑으로 하나씩 가져다 키워야겠구나.' 하고.

무슨 이유로 선인장을 그렇게 좋아하셨는지 한 번쯤 물어보고 싶어도 혹 당신의 생의 종말이 다급해서인가 하는 생각을 할까 봐 속으로만 '원래 까다로운 성격이라 결혼도 못 한 걸 보면 아무래도 저 가시가 내찬 당신 성격 닮아 좋아하신 건 아닌지요.' 하며 혼자 웃었다. 겨울엔 건넌방 부엌에다 들여놓는 번거로움도 아랑곳하지 않고 평생을 온갖 정성 다해 키우더니 이젠 어쩐 일인지 햇살도 없는 현관 구석에서 먼지를 뒤집어쓴 채 버려져 있었다. 다행히 선인장들이라 말랐어도 끝내 버티고 있었다. 하지만 당신 병중에도 누구 하나 집에 가서 그것들을 건드릴 수가 없었다. 아무도 손대지 못하게 경계하기 때문이었다. 정말 기이한 일이다.

어찌되었던 이제 치매도 점점 깊어가고 거동도 불편하시니 그것들과의 이별이 코앞인 듯하다. 지금 그 정신에도 당신의 손길로 키우려는 그 애착을 어찌해야 할지 안타깝다.

3부

새천년의 기우
사라진 별들
살봉산 안골 이야기
잊을 수 없는 흔적
내 얼굴은 기상대
절대자의 계획이라 해도
사람을 울린 개
어리석은 핑계
목련꽃 핀 뜨락

새천년의 기우

우리 속담에 "10년이면 강산도 변한다."라는 말이 있다.
그런데 지금 이 시점은 서기 1년에서 시작된 천 년이 지나가고 천일 년에서 또 천 년이 되었으니 강산이 수백 번 변할 수 있는 세월이 흘렀다. 처음 천 년은 너무 멀어서 그렇다 하고, 그 후 천 년의 마지막 백 년만은 나와 깊은 관계가 있는 연대이다.

나는 일제 때 어느 깊은 산골짜기 조그마한 마을에서 태어났다. 우리 동네는 높고 큰 산이 마을 뒤에 절벽으로 서 있어, 세상과는 아무런 관계가 없는 듯 도시와 멀리 있는 산간의 작은 마을이었다.

그래서인지 순사들도 다른 마을보다 출입이 적었던 곳이라 한다. 하지만 일제의 행패로 가난은 이곳도 예외가 아닌 마을이었다. 그때의 가난이란 우리가 상상하는 어떤 것으로도 이해할 수 없으리라는 생각을 가끔 한다.

그때가 바로 일천구백 년의 중반기이니까 최근 백 년 안의 일이다.

우리 마을에서 아이를 제일 많이 낳은 송 씨네는 그 가난한 살림 중에서도 말이 아닌 형편이었다. 쓰러져 가는 초가에 이리저리 몽둥이를 받쳐 겨우 넘어지지 않고 버티는 형국의 집이었다. 그래서 비가 오면 방이 개천이 되는, 집이라기보다는 헐어진 움막이었다.

비가 며칠째 억수로 내리면 마을 사람들은 그 집을 염려했고, 우리 어머니도 양푼에 밥을 많이 퍼서 그 집에 가지고 가던 기억이 있다. 내가 심부름으로 그 집에 가면 다른 이들도 음식을 가져오곤 했다. 그도 그럴 것이 부엌은 더구나 하늘이 환히 내다보이도록 헐어서 설령 식량이 있어도 밥을 지을 형편이 아니었다.

눈이 내려도 예외는 아니었다. 우리는 해방이 되기 전에 그곳에서 읍내로 이사를 했기 때문에 그 뒤 그곳 이야기는 소문으로만 들을 수 있었다. 그런 시대를 살아온 내가 광복과 더불어 조금씩 발전하는 시대와 애환을 같이하며 오늘의 문명한 시대를 맞게 되었다.

이젠 그 마을에도 컴퓨터가 있고 인터넷으로 하버드 대학 강의를 듣는 송 씨네 아들의 아들이 있을 것이다.

나는 극과 극의 시대를 살고 있다. 원시인 마을 같은 곳에서 태어나도 지금은 컴퓨터로 쓰는 시대에 살고 있다.

"앞으로 얼마 안 있으면 인간의 모든 기관을 기계로 만들어 낸다."는 이야기를 미국의 어느 실험실의 연구 결과를 TV에서 발표하는 것을 봤다. 아니, 몇 가지 인체 장기들은 이미 만들어져 있어 손상된 장기와 대체하고 있다는 것이다. 그리고 곧 복제 인간도 만들어질 것이라고 한다. 지금도 우수한 난자와 정자가 상상을 초월하는 가격으로 팔리고 있다고 했다.

물론 불임으로 아이가 없는 가정에서 이왕이면 좋은 유전자를 가져다 시험관 아기를 만든다는 것이다. 그 유전자들은 인류 대학생들이 학비를 마련하기 위해 파는 거라고 했다. 나는 그 프로를 보면서 설마 했던 인간의 생명마저 과학의 산물이 되고 있다니 대체 무엇을 기대하며 새천년을 이리 들떠 기대하는 것인가? 어안이 벙벙하다.

그 과학자는 앞으로 복제 인간은 막을 수 없는 과학의 거센 물결이 될 것이라 했다. 인간을 쓸 소용에 따라 그 인자를 배합해서 거기 알맞은 종류대로 대량 생산을 할 것이라 한다.

그러면 복제 인간은 기하급수적으로 늘어날 것이고, 그렇게 되면 그 시대엔 오히려 좋은 인자를 추출해 만들어 낸 머리 좋은 복제 인간들이 신의 섭리로 만들어진 천연산 인간을 마치 지금 우리가 광대로 놀리는 유인원처럼 그들이 우리를 바라볼 거라는 이야기였다.

　그 과학자의 말을 들으며 머잖은 미래를 상상해 보았다. 조선 중기 작품을 쓸 당시에 비행기가 하늘을 날 거라는 생각이나 어디 감히 생각이나 했겠는가. 하늘을 나는 물체가 있었으면 좋겠는데 그런 게 없으니 멍석을 말아 타고 날거나 학을 타고 다니는 상상의 비행을 그렸을 뿐이었다. 그러나 그 후 얼마 되지 않아 실제로 비행기가 만들어졌고 노래로만 부르던 달나라를 여행할 우주 정거장이 완성되고 있다니 앞으로 어떤 사건들이 일어날 것인지 미루어 짐작이 간다. 이렇게 기계 문명에만 그친다면야 무슨 문제가 있겠는가? 그러나 인간의 호기심은 끝이 없는 것이어서 인간의 유전자 실험은 말만 들어도 소름이 끼친다. 그로 인해 결국 인간은 자기 멸망의 최후를 가져올지도 모를 일이다. 다행히 나는 나를 낳아 준 어머니가 있었고, 그리고 또 나를 그리워해 줄 자손이 있다는 게 새삼 큰 자랑이나 되는 것 같아 아이들이 눈에 아른거렸다. 겨우 백 년도 아닌 세월에 이 엄청난 사건을 감지하기엔 실로 어지러운 일이 아닐 수 없다. 새로운 천년이라는 말을 들으며 어떤 예기치 못할 상황이 일어날 것인가를 생각하면 신비해야 할 내일이 두렵기만 하다. 그 시절 송 씨 댁 집을 서로 걱정하며 살던 인간이 인간다운 대우를 받던 그때 그 사람들이 이 세상을 맡아 살아야 하지 않을까 하는 아쉬움이 들었다.

사라진 별들

지금도 그곳엔 오동나무 한 그루 홀로 서 있는지.

어머니는 큰딸을 낳자 우선 뒤안에다 오동나무 한 그루를 심으셨다고 했다. 딸 시집보낼 때쯤이면 베어서 농을 짜려는 속셈이셨다고.

그 나무 덕분에 우리는 어린 시절 무더운 여름을 정말 시원하게 보낼 수 있었다. 내가 예닐곱 살 되었을 적부터의 여름은 지금도 내 마음속에 고스란히 남아 있어 남모를 행복을 안겨 준다.

어머니가 들일에서 돌아와 점심을 먹고 나면 으례 뒤안으로 모인다. 뒤안에는 제법 자란 오동나무가 대나무 평상에 언제나 제 키보다 훨씬 더 큰 그늘을 드리우고 있었기 때문이다. 어머니는 거기서 잠시 낮잠으로 피로를 풀고 다시 밭으로 나가시면 우리들도 따라 나가 밭 근처 팽나무골 정자에서 놀다 해질녘에야 어머니 치마폭을 잡고 집으로 오곤 했다.

여름밤은 언제나 이곳 평상에서 어머니 무릎에 누워 옥수수를 먹으며 놀다가 잠이 들곤 했다. 우리들은 맑은 여름밤 하늘로 쏟아지는 별빛 속의 어머니의 얼굴을 바라보는 게 참으로 행복했다.

그때 그 여름밤 하늘에 초롱초롱하던 별들은 지금도 거기 있는지, 그 하늘에도 별들이 살 수 없어 어디로 사라졌는지 정말 궁금하다.

시골도 공기 오염으로 하늘이 흐려졌다 하니 어디인들

초롱한 별들이 살 수 있겠는가. 이제 그 여름밤의 추억은 다시는 살릴 수 없을 것 같다.

때로 어머니는 우리 어린것들에게 "저 별들 좀 봐라. 지금 물 먹고 있는 저기 저 별 보이지?"라고 하시면 우리들은 그 물 먹는 별을 찾다가 그냥 잠이 들어버렸다. "내일은 비가 오겠구나. 별들이 저렇게 물을 먹으니 비가 오겠지." 더 커서야 알았지만 어머니의 일기 예보는 늘 적중했다.

"별이 물을 먹으면 비가 온다."는 옛 어른들의 지혜는 지금은 어째서 사라진 것인지 알 수 없는 일이다.

어린 시절 평상에서 밤이면 보던 그 수많은 별들은 과연 지금도 그곳에 그대로 빛나고 있을까? 요즈음 도시의 밤하늘엔 별이 없다. 어쩌다 한두 개 찾으면 그곳엔 더는 별이 없다.

우리는 마을을 떠나 도시로 이사를 했고 전쟁 때 고향 마을이 모두 불타 사라져 버렸으니 별들인들 어찌 주인 없는 고향에서 살고 싶겠는가.

거의 반세기가 지나서야 고향을 찾았지만 얼른 다녀오

느라 뒤안의 오동나무를 못 보고 왔다. 반세기 훌쩍 넘어 고목이 되었을까. 여름이면 더없이 행복했던 어머니의 집, 그 뒤뜰이 몹시 그립다.

'고향엔 별들이 아직도 초롱초롱한 눈빛으로 우리를 기다리고 있을까?' 자주 보고 싶다.

살봉산 안골 이야기

　우리는 매일 많은 언어를 사용하며 살고 있다. 그 바쁜 일상에서도 '고향'이라는 단어를 들으면 잠시 아름다운 시간 속에 묻혀 행복해진다. 무엇이 우리를 그렇게 만드는 것일까? 그렇다고 실제로 아름답기만 한 것도 아닌데 그 모든 고난과 슬픔 같은 것을 고향이라는 단어는 어떻게 그리 아름답게 승화시켜 가슴 설레는 그리움과 피안의 세계로 우릴 이끌어다 쉬게 하는 것일까?

생각해 보면 타향살이가 오히려 생의 대부분을 차지하고 있건만 겨우 10여 년 남짓 산 그곳이 일생 동안 내 그리움의 근원이 되어 그때의 시간 속에 머무르게 하는지 모를 일이다. 무엇이 그렇게 내게 고향 한 번 갈 수 없을 만큼 중요했던가.

거의 반세기 만에 처음으로 고향을 찾았다. 그것도 앞마을 뒷동산에 어머니 묘소를 정한 이유로 이곳에 올 수 있었다. 그 후 해마다 우리는 일 년에 두어 번쯤 이쪽을 오게 되었다.

어느 해인가 어머님의 산소를 찾던 날, 모처럼 조금 떨어진 살봉산 밑 복흥 마을로 발길을 돌렸다. 나는 내가 어려서 살던 우리 집을 맨 처음 찾고 싶었다. 그러나 내가 미꾸라지를 고무신짝으로 잡던 우리 집 앞개울은 말라 없어졌고, 그토록 멀리 느껴지던 숲쟁이골은 몇 걸음 아닌 곳에 위치해 있어서 집 근처를 쉽게 가늠할 수가 없었다.

오랜만에 찾은 고향. 나는 그것만도 감격스러워 말라버

린 우리 집 앞 냇가를 따라 오르락내리락하다가 아무래도 그 근처일 성싶어 발걸음을 멈추고 낯선 가게에 들어섰다. 혹 "이 근처에 일제 때 아무개 씨 댁이 있었는데 어디쯤이야?"하고 물었다. 주인은 오히려 내게 반문했다. "어떻게 그분을 아느냐?"고 한다. "그럼 그분을 아시네요?" 하니 바로 이곳이 그 댁이라고 한다.

자기가 6·25 전에 이 집을 사서 이사 왔노라고 했다. 대강 짐작은 했으나 그곳이 우리 집이라니 나는 하도 반가워 하마터면 그 댁 아저씨를 얼싸안을 뻔했다.

정말 오랜 세월 꿈에서도 그립던 어린 날의 고향 집이 아닌가. 나는 주인의 허락도 없이 안뜰로 들어갔다. 초라한 슬레이트 집이 그때 그 자리에 있었다. 그리고 행랑채 쪽이 바로 그 집 가게였다. 아무것도 흔적은 없었지만 대문 옆에 있던 밥티나무는 고목이 되어 그대로 서 있었다. 나는 달려가서 껴안았다. 그리고는 길고 긴 세월의 많은 이야기를 나누며 연신 눈물을 훔쳤다. 나는 여기서 태어나 아홉 살까지 자랐다. 우리 옆집엔 '금잎' 언니가 살았는데 우리 집과는 형편이 비슷해서 서로 시새워 사이가 좋은 편은 아니었다.

어머니는 너른 집터에다 뼹 둘러 꽃을 심으셨다. 당시에는 꽃씨를 우체부가 주문받아 가지고 가서 집으로 배달했다. 덕분에 온갖 귀한 꽃들이 가득 피었던 기억이 늘 고향 집에 대한 제일 큰 인상으로 남아있다. 옆집 삭정이 울타리 바로 가까이에 어머니는 작은 국화꽃을 많이 심으셨다. 가을이면 울타리 밑에 색색의 국화꽃들이 피었고 '금잎' 언니는 울타리 너머로 우리 꽃을 잡아당겨 놓고는 자기네 꽃이라고 우겨댔다. 나는 우리 꽃인데 왜 잡아당기냐고 하면서 언니 몰래 우리 집 쪽으로 끌어들여 놓았다. 그러다가 싸우면 가끔은 어른들 싸움으로까지 번졌던 생각이 나서 그 댁 소식을 물으니 그 댁도 타지로 떠난 지 오래라고 했다.

한참을 뜰에 서 있으니까 주인아저씨는 돌아와 차를 마시라고 했다. "이 집엔 언제 와 살았느냐?" 했더니 "6·25 전에 와 살다가 6·25 때 이곳에 빨치산이 주둔하게 되면서 국군이 소탕전을 하느라 동네를 불질러버렸다."고 했다.

  초토화된 곳을 전쟁 후 피난에서 돌아와 다시 지은 동네라고 하는데 옛날 90여 호 되던 마을은 오히려 더 작은 마을로 되어 있었다. 그래서 기억에 남아 있던 어린 날 친구 집도 찾을 길이 없었고 다만 남은 곳은 숲쟁이골뿐이었다. 느티나무가 적어도 오백 년은 되었으리라. 어릴 때는 그토록 우람해 보였는데 지금 보니 오히려 그때보다 작아 보였다.

  여름엔 매미가 나무 밑동에서부터 다닥다닥 붙어 얼마나 시끄럽게 울어대던지 아이들 웃음소리도 안 들릴 정도였다. 숲쟁이는 지금도 옛 모습으로 울창하게 우거져 있었다. 이 숲쟁이 길을 따라 30분 가량 산길을 가면 그 유명한 구암사가 있다. 구암사는 내장사와 백양사의 중간에 있는데 우리 동네를 거쳐야만 가는 곳이다.

  그곳은 불교계에서 이름 높으신 큰스님이 거처하던 곳인데 나는 어떤 인연에서인지 어려서부터 그분을 뵈러 이 숲쟁이 길을 자주 걸었다.

그 구암사 벽에는 글씨가 많이 붙어 있었다. 커서 아버님께 들은 이야기지만 추사 김정희 선생님께서 그곳에 와 몇 달씩 묵으며 쓰신 글씨라 하셨다.

그 절도 6·25 때 마을과 함께 불에 타 버렸다고 한다.

성인이 모이시던 이름난 명산, 고찰을 끼고 있던 내 고향 순창군 봉덕리. 가을이면 내장산을 거쳐 이곳을 지나 백양사로 단풍 구경을 하러 오는 실로 우리나라의 이름난 명승지이기도 한 곳이다.

지금은 절도, 마을도 새로 지어지고 옛 모습은 모두 역사의 뒤안길로 사라졌지만 마음에는 어린 날 복숭아꽃, 살구꽃 피는 꽃동네로 그냥 남아있는 곳이다.

"아저씨, 만일 내가 이곳에 와 산다면 이 집은 제게 파셔야 돼요." 했더니 쾌히 그러란다. 다시 고향에 가서 살 날은 언제일까? 잠시 머무는 세상에 영원한 안식을 주는 그 '고향'이 지상에 있는데도 왜 늘 그립기만 한 것일까?

나는 부질없는 여운이라도 가슴에 묻어두고 싶어 한마디 건네고 왔다.

지금은 농약으로 사라졌다는 자운영 논빼미는 어린 날 우리들의 꽃대궐이 아니던가! 자운영 꽃들의 환영을 가슴에 가득 안은 채 돌아서던 어느 여름날의 고향길.

내가 시인으로 고향을 노래할 수 있어 시가 고향에 영원히 살도록 하고픈 마살리 안쪽 살봉산 산골마을 봉덕리. 내 영원한 고향이여.

잊을 수 없는 흔적

 내 팔엔 하얀 모래밭의 물새 발자국 같은 아련한 어머니의 사랑의 흔적이 그려져 있다
 나는 일제 때 산골 중에서도 산골에 태어났다. 마을 뒤로는 백양산이 병풍처럼 둘러 있고 마을 모퉁이엔 벌메라는 들판이 제법 시원스레 트여있는 곳이다. 그 벌메를 조금만 지나면 큰 방죽이 있는데 이 방죽엔 귀신이 산다는

소문이 있어 아이들은 그곳을 지날 땐 큰 아이들의 손을 놓치지 않으려고 앞을 다투어 뛰어가곤 했다. 아이들뿐 아니라 어른들도 서쪽의 해가 해설피 지면 그곳 가기를 꺼려 하는 곳이기도 하다. 마을 남자들은 술이라도 취해 밤에 오는 날엔 영락없이 도깨비와 싸우다 넘어졌다고 얼굴을 크게 다쳐 오는 일이 많았다.

그런 험난한 산골에서도 어머니는 우리를 업고 소재지로 우두를 맞히러 가셨다 한다. 그래서 내 팔에는 꼭 하얀 모래밭의 물새 발자국 같은 커다란 우두 자국이 네 개나 있다. 우리 마을에서 소재지까지는 무려 두 시간을 걸어 나가야 한다. 그나마 돌밭 길을 아이를 업고 길을 걷기란 상상만으로도 힘든 일인데 하나도 아닌 형제들 모두를 업고 다니셨을 걸 생각하니 새삼 가슴이 저린다.

그나마 마을에서 우두를 맞힐 수 있는, 개명된 어머니는 몇 분 안 되었다고 한다. 그래서 곰보가 된 아이들이 얼마나 많았던가.

요즈음처럼 여인들의 생활이 편리해진 시대를 사는 젊

은 어머니들을 보면 이미 살다 가신 우리네 어머니들의 애환이 한층 더 애처롭기만 하다

아파도 약 한 첩 써 보지도 못하고 죽어갔고 유행병에 걸리면 그저 운명이려니 하고 살다 간 우리네 어머니들의 한 많은 생이 생각할수록 가슴이 아프다.

이제 내가 어머니의 나이에 이르고 보니 그 어두운 시절에 육 남매를 기르며 얼마나 애간장을 태우셨을까? 이제야 그분의 눈물이 가슴으로 스며든다. 비단 우리 어머니만의 정만은 아니었을 것이다. 그런 어머니들을 보며 자란 우리들이건만 어디쯤에서 마음이 흐트러진 것일까. 모정마저 변하는 것 같아 서글프다.

요즈음 젊은 세대들은 아이를 한둘밖엔 낳지 않는다. 옛날엔 열씩도 낳아 길렀는데 아이 하나 기르면서도 짜증 부리는 걸 보면 공연히 미운 생각이 든다. 아마 중간 세대에 와서 과도한 희생이 변질되었는지도 모르겠다.

겉으로 요란하기만 하지 막상 자식을 위해 희생 같은 건 쉽게 하지 않을 것 같은 내 느낌은 잘못된 것이었으면

하는 생각이 든다.

옛날 우리 어머니들은 학교 교육을 받지 못했다. 단지 여자는 집 밖으로 나돌면 안 된다는 이유이고 그리고 다음엔 가난이었겠지만.

하지만 오늘날 대학 교육은 어찌 그러한 인간적인 교육을 시키지 못하는 것인가? 참으로 온고지신의 교훈을 시대야 어떻든 다시 이해해야 할 때라는 생각이 든다.

언제부터 내 팔에 새겨진 어머니의 사랑의 흔적은 어머니의 아픈 사랑을 떠나 아련히 저물어가는 어느 해변의 물새 발자국처럼 느껴지니 세상에 변질되지 않는 것은 아무것도 없는 것인지, 가슴이 아리다.

내 얼굴은 기상대

'만일'이라는 가정은 때로 내가 권태를 탈출하는 데 큰 위안이 되기도 했다. 일상이 고달플 때는 잠시 휴식하면서 '내가 만일 페르시아의 공주이었더라면?'이라든가 '내가 만일 세계를 누비는 미인이라면 지금쯤 내 팔자가 이것은 아닐 거야.'라는 생각을 하면 한동안이나마 허황한 꿈으로 기분 전환이 되기도 했다.

그러다가 정작 거울에 비치는 내 얼굴을 들여다보면서 나는 만일의 허황된 가정에서 깜짝 놀라 현실로 돌아오곤 했다.

사실인즉 '내 얼굴이 이보다도 더 못생겼더라면 얼마나 실망했을까.'라는 생각을 하면 그나마 행운이 아니냐며 감사하기도 했다. 눈이 아무리 뱁새라 해도 둘이 나란히 붙어 있는 것만으로도 정말 다행히 아니냐고 금방 마음을 고쳐먹곤 했다.

하지만 이런 가정이 아니고 '정말로 눈도 크고 키도 훤칠하고 예쁘기까지 한 사람들은 얼마나 좋을까?'라며 부럽던 젊은 날이 있었다.

이제 나는 눈이 작은 것에 대한 불만보다는, 신은 무슨 연유로 왜 자기 눈으로는 자기 얼굴을 볼 수 없는 곳에 눈을 만들어 붙였는지, 그게 짜증스럽다. 때로 내가 어떤 사람인가, 내가 나를 스스로 알 수 없는 그런 경우에는 내 얼굴을 남처럼 빤히 들여다보고 싶다.

내가 구차한 언어로 교언영색을 하는 때라든가 또 본의

아니게 양심을 속이는 것을 발견하고도 그것을 수정해 말할 용기가 없을 때는 남의 얼굴을 빤히 보는 것처럼 스스로도 자신을 빤히 볼 수 있는 곳에 눈이 붙어 있다면 이렇게 자신을 속이는 일은 하지 못할 것 같아서이다. 내가 안 보이니까 실로 양심을 속이기도 쉽고 거짓부리하기도 훨씬 쉬워지는 건 사실이다.

그래서 신은 내겐 두 개의 눈으로밖에 사물을 볼 수 없게 만들었지만 나를 보는 눈은 천 개요, 만 개이게 하지 않았는가? 내가 나를 볼 수 없으니 다른 사람들이 잘 보고 나를 평가하라는 뜻일지도 모르겠다.

우리 속담에 "우물 안 개구리."라는 말이 있다. 시야가 좁은 사람에 대한 풍자이다. 그는 우물 안이 우주일 테니 말이다.

그래 오로지 내가 두 눈으로 사물을 보듯 좁은 시야로 남을 보니 뭐든 감추면 안 보이리라는 생각은 어이없는 일이 아닐 수 없다.

그러니 얼굴이란 바로 개인의 기상대가 아니던가? '먹

구름이 끼었으면 폭우가 염려되고, 서북풍이 불면 저 댁에 한때 비가 오겠구나.' 하는 관측은 이미 남이 먼저 보고 있을 터인데.

내 얼굴은 기상관측대라서 그렇게 그저 감추기만 하면 아무도 모르리라는 어리석은 생각이 내 인생에 우를 범하고 있었다는 것을 이제라도 깨닫게 되어 천만다행이 아닐 수 없다.

다시 말하면 우리는 모두 다 시장에 내어놓은 비단이 아니던가. 가짜인가, 진짜인가? 만져도 보고 눈으로 보기도 하는. 이미 사회 속에 내어져 평가받고 있는, 겉이 화려한 비단이나 무엇이 다르단 말인가. 그것을 일찍 깨닫지 못해 나도 꽤나 자신을 감추려고 수고했던 것 같다.

태어나면서 벌써 우리는 착하게 생겼다느니, 성깔 있게 생겼다느니, 이미 평가되어 있다는 걸 모르고 살았다.

평생 이런 사실을 모르고 겉과 속이 다른 채 버티려고 애를 쓰면 쓸수록 소외되고 내몰리게 된다는 사실을 그래도 늦게나마 알게 되어 다행이다. 오죽 생각해서 창조주가 이리 만들었을까.

  나는 나를 볼 수 없어도 모든 사람들이 다 나를 볼 수 있게 만들어 결국은 남을 통해서라도 마침내 자기를 보게 하신 신의 뜻을 이제라도 깨달아 다행이 아닐 수 없다.

절대자의 계획이라 해도

꽃집을 경영하면서 글을 쓰는 이가 내가 꽃을 좋아한다고 꽃 이름이 '덴파레'인 화분 하나를 보내왔다. 백자 같은 우아한 화분이라서 잎이 유난히 청청해 보였다. 더구나 난의 꽃 빛깔이 짙은 보라와 흰색으로 어우러져 화려하기가 이를 데 없는 꽃이었다. 우리 집에는 춘란 몇이 피고 지는 게 고작이었던 터라 이 양란의 화려함에 그만 넋을 잃었다. 커다랗고도 팔팔하게 핀 꽃은 영락없이 호랑나비들이 떼 지어 날고 있는 바로 그 형상이었다.

어제 한나절 내내 감격적인 감상을 하고도 밤새 잊고 있었던지 아침에 무심코 나오다 마루에 놓인 꽃을 보는 순간, 다시 또 호랑나비 떼가 훨훨 거실에 가득 날고 있는 듯한 환상을 보았다. 나는 발걸음을 떼지 못하고 꽃을 바라보고 있었다.

정말 별일이었다. 나비로 날던 꽃들이 얼마 후 우리 손녀같이 애교스럽게 웃고 있는 게 아닌가. 순간 나는 엉뚱한 생각을 했다. 그렇다. 너희가 바로 내 손녀로구나. 이제 이 집에 손녀가 태어날 일은 없을 테고 이렇게 나를 기쁘게 하는 너희들을 손녀로 맞아들이자. '얼굴을 떠올리기만 해도 가슴 가득 흐뭇한 손녀가 주는 행복함이 꽃이 주는 이 행복함과 무엇이 다르단 말인가?'라는 생각이 들었다. 모든 것은 마음먹기 나름 아니던가? 그렇다고 긍정하면 그렇게 마음이 편한 것을 굳이 까다롭게 없는 것에 얽매어 한탄할 필요는 없지 않을까?

나는 아주 기발한 생각을 한 것 같아 꽃을 보며 미소를 띠었다. 이 꽃이 지면 다른 꽃을 또 사들이자. 그러면 새 손녀가 다시 생길 테고. 굳이 내 집에 우리 손녀가 함께 살지 않아 외롭네, 뭐하네, 하지 않아도 내가 원하면 언제든지 새 가족이 생기지 않겠는가? 하니 새로운 희망처럼 가슴이 벅차기까지 했다.

꽃은 참으로 오랫동안 싱싱하게 피어 시들 줄 몰랐다. 그 후로 나는 외출에서 밤늦게 집에 돌아와도 문을 열면 환한 미소로 정답게 나를 맞아주는 손녀가 있어 더없이 기뻤다. 꽃은 아무 말 없이도 어쩌면 그렇게 아름다운 언어로 내게 속삭이는 것일까. 대체 그가 내게 뭐라 하기에 분노마저도 금세 스르르 녹는 것일까? 악이라든가 불결한 마음들은 일체 용납하지 않는 그들을 볼 때마다 나는 때때로 자신이 무안해 고개를 돌려야만 했다. 사람만 사는 것보다야 이렇게 천사랑 더불어 살면 언제나 평화로울 것 같은 일시적 감동에 취하기도 했다. 하찮은 것이지만 '조금만 의식을 바꾸면 작은 행복쯤은 스스로 만들 수 있겠구

나.'라고 생각하니 요즈음 들어 텅 빈 마음이 다소 채워지는 듯했다

    그래서 감정을 표출하는 동물을 대신 키우나 보다,라는 생각이 들었다. 하지만 생명은 다 같은 것인데 힘겨운 인간보다야 좀 쉬울지는 몰라도 이 나이로는 모든 것이 다 벅찬 일이 아닐 수 없다는 생각에 이르니, 사람보다 꽃 손녀나 얻어 더불어 살아갈 방법을 터득하는 것도 좋을 성싶었다. 그뿐인가, 나를 어린 시절로 데려가서는 고향 냇가에서 놀기도 하고 청산에 가기도 하니 세상에 이보다 더 아름다운 꿈을 내게 실어다 주는 손녀가 어디에 있겠는가! 혹 이런 내 감성은 사라질지라도 언제든 다시 나를 일깨워 이렇게 행복을 주리라는 생각만으로 다분히 기뻤다.

    인간의 모든 것은 절대자의 계획이라 해도 시시때때로 일어나는 작은 감정의 변화로 인해 얼마나 많은 착오가 일어나는지도 뒤돌아볼 일이다. 결국 '내게 주어지는 것들을 심사숙고하면 조금은 착오를 줄일 수도 있을까?' 하는 생각으로 막을 내렸다.

사람을 울린 개

　나는 지금도 우리 바둑이 생각만 하면 정신이 아뜩하다. 아무리 짐승이라도 생명인데, 이사 가야 할 형편이면 먼저 개의 거처를 해결했어야 했다.
　이십여 년 살던 집을 팔고 부득이 아파트로 이사를 하게 되었다. 이사할 짐은 다 챙겨 놓고도 막상 산 생명은 잊고 있었다. 이사 오는 이가 와서 개가 짖어대니까 우리 개를 보더니 아파트로 가신다면서 개는 어떻게 하려 하느냐 묻기에 그렇지 않아도 어찌할까 걱정이라 했더니 그럼 자기네가 키울 테니 놓고 가라 한다. 사실 걱정 안 한 것은 아니었지만 그래저래 잊고 있었던 터라 나는 얼른 그럼 더 좋겠노라고 대답했다.

몇 년을 함께 살아온 생명체인데 이리 쉽게 버릴 수 있는 인간의 비정한 본성을 드러내고도 우선 사건의 해결에만 급급하고 있었다는 걸 나는 사건이 터진 후에야 겨우 느낄 수 있었으니 참으로 부끄럽기 그지없다.

우리가 마지막 짐을 들고 나오려니까 우리 바둑이가 날 멍히 쳐다보며 서성거리기에 그때서야 "미안해. 바둑아, 잘 있어. 널 보러 자주 올 거야."라며 마음을 달랬다. 우리가 나오자 낯선 사람들만 있으니까 영문도 모르는 바둑이는 마구 짖어대어 그 소리가 멀리까지 들렸다.

이삿짐을 푸느라고 아무 정신없이 이삼 일이 지났는데 이층에 살던 청년으로부터 전화가 왔다. "아주머니, 여기 좀 다녀가세요. 바둑이가 밥을 계속 안 먹고 제집에서 꼼

짝도 않고 고개를 박고 있어요. 아주머니, 한번 와 보세요."라고 한다. 나는 정신이 정말 아뜩했다.

그때서야 모든 일을 다 팽개치고 먹다 남은 고기랑 몇 가지를 더 챙겨 가지고 달려갔다. 바둑이는 말 그대로 제 집에 앉아 내가 "바둑아!" 하며 손을 내밀어도 그냥 앉은 채 한번 쳐다볼 뿐 다시 고개를 돌려버렸다. 몇 번을 불러도 나중엔 들은 척도 안 했다. 나는 울기도 민망해서 고기를 넣어주며 먹으라고 달랬지만 바둑이는 여전히 냉담했다.

비정한 인간에게 그토록 실망하는 짐승의 눈빛을 보았다. 바둑이는 내가 돌아서도 다시 눈을 뜨지 않았다. 그때서야 알 수 없는 눈물이 쏟아졌다.

'그렇게 제 주인만을 의지하며 살고 있었구나. 사람보다 더 정을 쏟고 살았구나.' 라고 생각하니 자신이 정말 부끄러웠다.

나는 할 수 없이 돌아서면서 몇 년 동안 우리 바둑이랑 잘 놀던 이층 청년에게 밥을 좀 먹여 보라고 부탁을 했다.

그리고 주인에게 "왜 우리 바둑이만 가두어 놓았느냐."고 퉁명스레 화를 냈더니 누가 옆에만 가도 물어서 밥도 줄 수가 없어서 어쩔 수 없다는 것이었다. 저를 버렸는데도 나를 제 주인이라고 다른 사람을 거부했는가 보다

 단독이라서 개도 많이 키워 보았지만 세상에 그렇게 범벅충이는 처음이었다. 전에 키웠던 검은 개 쿤테는 어찌나 영리했던지 어쩌다 대문이 열려 있으면 누가 밖에 나갈 때까지 문 한가운데 앉아 집을 지켰다. 그런데 이 바둑이는 그런 것까지는 아예 꿈도 꿀 수 없는 일이고 단 한 가지 화단에 올라가지 말라고 수십 번 회초리로 때려도 봄이면 또 화단에 냉큼 올라가 새순을 밟고 뒹굴며 으깨는 범벅충이라서 사실 우리는 헤어지는 게 좀 덜 섭섭했던 것 같다. 그래서 아무것도 모르고 이 집에서 그냥 잘 어울려 살 줄 알고 쉽게 돌아섰는데.

 그 후로 며칠이 또 지났다. 나는 궁금해서 그 집에 전화를 했다. 주인은 조금 화가 난 말투로 "바둑이가 집을 나갔어요." 며칠 밥도 먹고 해서 풀어 놓았더니 나가서 안

돌아온다는 것이다. "아마 아주머니 찾으러 나갔나 봐요."
나는 더이상 할말을 잊고 돌아섰다.

　사람인 나보다 나은 짐승. 바둑이는 내가 세상을 사는 동안 내 가슴에 살고 있을 것 같다.

어리석은 핑계

'모든 것에 능한 사람은 어떤 일에 어설픈 변명이나 이유가 없는 것에 비해, 서툰 사람은 늘 남만 탓한다.'는 생각을 한 일이 있다

게으른 탓으로 어쩌다 글을 쓰려고 마음먹고 컴퓨터 앞에 앉아 사색의 끈을 풀려고 하면 조금 전까지도 들리지 않던 저쪽 방의 TV 소리가 귀에 거슬린다. 그러면 또 남의

탓이다. 오늘도 글쓰기는 다 틀렸다며 짜증이 나지만, 그렇다고 별 글쟁이도 아닌 줄 이미 알고 있는 그에게 시비 걸기가 민망해서 한 바퀴 빙 돌려 태연하게 입을 연다.

"저요, TV 소리 좀 줄여 주세요."라고.

그가 기분이 좋은 날은 순순히 소리를 낮추어 주지만 어느 때는 "문 닫아." 하고 화를 내기도 한다.

그가 화를 낼 때면 "아이고, 저 사람 좀 누가 며칠 초청해 가든지 한 일 년쯤 함께 살자는 사람 없을까? 그럼 내 후하게 보답이라도 하련만." 하고 뒷소리를 하며 살아왔다.

그런데 이게 어인 일입니까? 누가 아주 가라고 했습니까? 그저 며칠 집에 나 혼자 앉아 글 좀 쓰게 해 달라는 마음의 간청이었는데, 원래 좀 말귀가 둔하다는 생각은 했어도 이렇게 정말 둔할 줄은 꿈에도 몰랐다. 은혼식이 다 가오도록 살아도 내 마음을 조금도 이해 못 하던 사람이 이제야 어찌 알아듣고 결심을 한 것인지 참으로 알 수 없는 일이었다.

평생 감기 한 번 안 앓던 사람이라 최근 들어 자주 아프다고 해도 그러다 말겠지, 하던 중 조금 힘들어 해서 병원을 갔다가 청천벽력의 통보를 받고 그 길로 집에 돌아오지 못하고 세상을 떠났다

원래도 내 말을 멋대로 새기더니 내가 어디 여행 갈 데도 없냐고 가끔 하는 말을 몹시 부담스럽게 여겼는지 아픈 틈을 타서 아주 먼 곳으로 영원한 여행을 떠나버렸다. 본래 아이같이 순수해서 비꼬는 내 말의 뜻을 잘 못 알아듣더니 기어이 일을 저지르고 말았다.

멍청한 사람, 바보 같은 사람.

한없이 순수한 사람을 하찮은 글줄이나 쓴다고 조용한 집을 원했더니 적막강산, 이것이 집은 아닌 것을 그런 줄도 모르고 한 말이 후회스럽다

나는 다시 그이를 원망하고 있다. 그렇다고 아주 가면 어떻게 해? '멍청하기는.' 그가 평소에 내게 자주 쓰던 말이 뒤돌아보니 자기 보고 한 말인가 싶어 자꾸 뇌까려 보았다. 아무도 없는 텅 빈 집에선 아무리 조용해도 고요가

아닌 줄을 예전엔 정말 몰랐다. 그가 있어 소리 들릴 때 시끄러움도 고요도 있는 걸 어찌 다 끝난 후에서야 터득하는지 참 알 수 없는 일이다. 그렇게 고요하게 살고 싶었으면 아예 혼자 살았어야지.

혼자 사는 집은 다만 숙소일 뿐 다른 의미가 없는 그대로 집이다. 하지만 가정은 가족의 소리가 모여 이루는 공동의 숙소라는 생각을 왜 이제야 깨닫는지 뒤늦은 후회가 한스럽다. 그들의 소리가 있어 내 집이라 아니하고 '우리 집'이라 한 조상들의 교훈이 새삼 떠올랐다.

숨소리만 나도 신경이 쓰이던 건 노년에 정체된 그를 관용하지 못한 것이었지, 결코 TV 소리가 아니라는 걸 정말 난 이제야 아는 것인가.

집만 떠나면, 아니 집에 나 혼자 있으면 얼마든 좋은 글을 쓸 수 있을 것 같던 내면의 희구는 순전히 귀찮은 일상에서 벗어나고 싶은 핑계이었음을 정말 몰랐을까? 나도 모를 일이다.

그가 어디쯤에서 이제 정작 적막강산에 홀로 있는 나를

바라보며 '글 잘 쓰고 있느냐?'고 묻는 것 같아 그때 짜증 내던 내 어리석음이 한없이 부끄럽다.

목련꽃 핀 뜨락

세상이야 어떻든 꽃들은 핀다.

일 년 열두 달 계절은 쉬임 없이 변화되어 가지만 내겐 왠지 목련이 피는 4월이 내 안에 있을 뿐, 별로 기다려지는 달이 없다.

내가 목련을 좋아하게 된 작은 기억 하나가 봄이면 언제나 아름다운 여인처럼 떠오른다.

어느 화창한 봄날이었다. 시장을 가느라 동사무소 앞을 지나갔다. 갈 때 보이지 않던 것이 되짚어 오는 길에 환영같이 눈에 어리었다.

그날은 봄이라 해도 날이 좀 추워서 장바구니를 들고 빠른 걸음으로 달리듯 오다가 미처 못 보고 지나쳤던 모양이었다. 그래, 다시 돌아가 그 자리에 서서 아까 어렴풋이 비껴간 것을 찾아보았다.

나는 발걸음을 멈춘 채 정말 너무너무 신비해 눈물이 핑 돌았다. 아니 섬뜩하기까지 했다. 분명 그것은 꽃이었다. 눈을 비비고 보아도 거기엔 꽃이 달려 있었다.

목련이 흠이라면 너무 잘 자라서 노상 가지 잘리기가 일쑤라는 점이다. 그곳엔 언제부턴가 커다란 목련 두 그루의 가지가 우거져 있어 건물 안을 가리고 있었다. 그것이 못마땅했는지 가지를 모조리 잘라버려 마치 전신주처럼 몽둥이로 세워 놓았기에 '누군가 잔인한 짓을 했구나.' 하고 측은했던 기억이 난다. 봄이 오자 꽃이 피어야 하는데 실가지 하나 남은 게 없으니 몽둥이를 뚫고 뿌연 살결의 목련꽃 두어 송이가 아주 크게 피어나 활짝 웃고 있는 게 아닌가. 전혀 거기에 꽃이 있으리라는 생각은 누구도 할 수 없는 모진 몽둥이 등걸에서 어떻게 피어났는지 가슴이 마구 뛰었다. 이렇게 신비한 일은 살아오는 동안 내가 본 기억 중에 아마 그것이 처음인 것 같았다.

애기 얼굴도 같고 수줍은 소녀도 같고 성숙한 처녀도 같은, 순결하다는 표현, 고결하다는 표현, 그 어떤 단어로도 불가능한 뽀얀 얼굴로 평안한 미소를 머금고 삭막한 등걸에 매달려 피어있던 그 목련이 언제나 4월이면 목련의 이미지로 떠오른다.

아무리 다래다래 열려 있어도 그때 줄기도 없는 몽둥이에 피었던 꼭 그 꽃이 지금도 목련으로 피어나는 것이다. 그때의 그 감회가 어디에 기인했던 것인지는 나도 잘 알 수 없으나 어쩌면 생명의 존엄 같은 것이었으리라.

사물을 보고 느끼는 감정이 다르다고는 해도 누구든 그 목련을 본 사람이라면 그냥 무심히 발길을 돌리지는 못 했으리라는 생각을 한다.

한 생명이 예기치 못할 상황에서 생명의 존엄함을 소리 없이 외치던 그 모습을 어찌 지나칠 수 있겠는가?

그 후로 나는 아무리 무더기로 목련 꽃들이 피어 있어도 언제나 내게는 그 잘린 통나무 사이로 살짝 웃어 보이던 그 목련이 보일 뿐이다.

목련 한 그루가 베란다 앞에 있어서 삭막한 아파트라 해도 넉넉한 마음으로 살았었는데, 어느 날 뜰 앞 목련이 자취를 감추었다. 하도 속이 상해서 경비실로 달려가 어찌된 일이냐고 따지러 갔더니 경비실 아저씨 말인즉, 나무 꼴이 너무 못생겨서 잘랐다고 한다.

나는 속으로 '아무리 그 나무가 못생겼기로서니 당신보다 더 못생겼을까?'라고 한마디하려다가 참고 왔지만 내내 봄마다 아쉬움으로 남곤 했다.

그런데 희한한 일이 생겼다. 우리 집 뒤뜰에 누가 언제 심은 것인지 제법 커다란 목련 한 그루가 가지를 우리 집 쪽으로 쭉 뻗어 꽃을 피웠다.

나는 앞만 보는 버릇이 있어 앞만 바라보느라 지난해

도 못 본 모양이었다. 그걸 꽃이 먼저 알고 오늘은 마치 날 유혹이라도 하려는 것처럼 살며시 가지 하나를 우리 집 쪽으로 보내왔다.

우연히 차 한 잔을 들고 멋을 부리려다가 횡재를 한 셈이었다. 대체 언제부터 이 뒤뜰에서 조용히 살고 있었는지 날만 새면 밖으로 나가 돌아다니다가 그리도 아쉽던 목련이 이렇게 가까운 데 있는 것도 모르고 먼 곳의 꽃을 찾아다닌 게 부끄럽기도 했다.

그런데도 나는 우리 집 앞에 서 있지 않은 것을 원망했다. '만일 여기 내 집 앞에서 피었더라면 어쩌면 더 좋은 친구가 되어 주었을 텐데.' 하고 말이다. 하지만 꽃은 아니라고 대답했을지도 모른다. 내 것이 어디 있으랴. 다 놓고 가야 하는 것들을 애착이나 집착으로 끌어들여 고뇌하고 실망하는 건 자신인데 왜 그리 욕심부리느냐 웃었을지도 모르겠다.

어쨌든 나는 이제 목련이 우리 집 근처에 있다는 게 몹시 신이 난다. 누가 베어버려 서운했던, 내 집 앞 목련의 화신인가 싶어 봄이 기다려지는 인생이어서 좋다.

4부

오후의 향연
대나무 빗자루
눈 내리는 날
정읍 할머니의 추억
희한한 싸움
마음에 있는 청산
동반자
희비의 갈림길 석양
비정한 이별

오후의 향연

하루는 언제나 새로운 태양과 함께 신선하게 다가온다. 그러나 그 속에 살고 있는 우리에겐 어제의 연속으로 많은 사건과 더불어 하루가 시작되므로 신선하다고 느낄 겨를도 없이 아침부터 바쁘다.

정신없이 밀린 일사를 끝내고 나면 어느새 오전이 지나가버린다. 점심을 먹고 다시 아직 남은 일을 마저 정돈하고 나서 한숨 돌리고 나면 오후 세 시쯤이다.

영화의 제목이 되기도 해서 그 어감이 기억에 아름다울 수도 있겠지만, 내 바쁜 일과 속에서도 그야말로 '망중한(忙中閑)'은 빼놓을 수 없는 하루 일과 중 하나가 아니던가. 특별한 일이 없는 한, 그 시간을 아껴 매무새를 가다듬고 오라는 곳이 없어도 무작정 외출을 한다. 그런 날엔 오래 막역했던 찻집을 찾아가 향기로운 차 한 잔을 받쳐 들고 앉아 마치 세상일은 나와는 아무 상관도 없는 양 아주 여유롭게 앉아 차를 마신다.

만날 사람이 없는 날은 오히려 모처럼 나를 만날 수 있어 더욱 좋다. 그저 혼자 앉아 자유로운 상상을 하는 것도 커피 향만큼이나 감미로우니까. 그러다 시선이 창밖에 머물면 그곳엔 계절이 머물러 있고, 그 계절 속으로 들어가 긴 세월의 책장을 넘기며 사색에 잠기는 것도 즐겁다.

산다는 것은 어찌되었던 커다란 축복이 아닐 수 없다. 삶이 고달프다 해도 그것을 감당할 수 있는 아름다운 자연이 있지 않은가.

가끔은 비 오는 날이면 우산을 받고 길을 따라 끝없이 걷는다. 가다가, 가다가 어느 지점에서 다시 돌아설 때쯤엔 갑작스레 더없이 인생이 소중해지고, 내 주변의 모든 것들도 소중해져 공연히 마음이 바빠진다.

내 감정을 곱게 다듬으면 모든 것이 덩달아 아름다워지는 것일까? 나는 스스로에게 자문하며 발걸음이 빨라지기도 한다.

나로 인해 우리들, 우리네 모인 몇 사람이라도 행복해질 수 있다는 건 나만이 할 수 있는 특권이라며, 짜증나던 일사가 갑자기 자부심으로까지 반전되는 건 무슨 연고인지 모를 일이다.

바람이 소슬한 가을 오후도 예외는 아니다. 아무도 모를 무표정한 얼굴의 나를 데리고 그 여린 햇살을 받으며 북적거리는 도시 한복판이나 가을 들길을 또박또박 걷다 보면 절실히 고독해지다가도, 살아 있다는 게 얼마나 황홀한지.

나는 지금도 오후 서너 시쯤엔 어디에 있든지 꼭 돌아

가야 할 본향이 있는 사람처럼 서성거린다. 그뿐만 아니라 혼자 있을 때도 꼭 누군가 올 것 같은 기다림의 환상에 싸여 있는 걸 보면 나에겐 아마도 어딘가엔 우리들의 본향이 따로 있을 것 같은 신념 같은 게 있는 것 같다.

기다림. 얼마나 아름답고도 슬픈 감정의 모순인가. 기다리는 아름다움이 절망이 되는 슬픔. 그러나 끝내 오지 않는다 해도 기다림은 항상 그와 내가 함께 있는 것이니까. 그래서 "내가 기다릴 수만 있다면 너는 끝내 오지 않아도 좋다."라던 어느 시인의 시구가 가슴에 절실히 와닿는지도 모르겠다.

너를 사랑할 수 있는 마음만 영원할 수 있다면 그것이 행복이라는 말이 아니겠는가!

'망중한'의 오후의 향연. 이것이 내 인생의 향연이 될 줄이야.

대나무 빗자루

어릴 적 우리 집 옆에 작은 대나무밭이 있었다. 우리 집은 농가이었기 때문에 가을이면 대나무 가지를 잘라 다음 한 해 동안 쓸 대나무 빗자루를 많이 매어 창고 벽에 매달아 두곤 했었다.

아침이면 일꾼들은 그 대나무 비를 꺼내 마당을 쓸었다. 그래서 항상 대비를 보면 고향집 마당이 그리워 한동안 아련한 향수에 젖곤 한다.

하지만 요즈음엔 대나무 빗자루 보기가 그리 흔치 않은 일이 되었다. 가끔은 '사람들의 기억에서 아예 사라지는 것은 아닌가.' 하는 조바심이 남모르게 들기도 한다.

나일론 비가 등장하면서부터 사람들은 손쉽게 구할 수도 있고, 값이 싸다는 이유로 실내 용품뿐 아니라 마당을 쓰는 비까지도 나일론 비를 사용하고 있다. 그렇지만 나는 아직도 대나무 빗자루만을 고집한다. 그래서 흔치 않은 대나무 비를 사기 위해 일부러 시장을 돌아다녀야만 한다.

언제부터 이렇게 대비가 사라진 것인가, 참으로 안타까운 일이다. 하긴 아파트가 세상을 다 차지하고 있으니 어디 대나무 비로 쓸 마당이 그리 흔해야 말이지.

그러니 어쩌다가 시장에서 대나무 빗자루 파는 집을 발견하면 나는 나도 모르게 걸음을 멈춘다.

어느 봄날의 일이었다. 우리 집에서 그리 멀지 않은 시장 모퉁이에 있는 가게로 비를 사러 갔다. 마침 나이 많으신 할아버지께서 앉아 계셨다.

"할아버지, 대비 하나 주세요."라고 했더니 할아버지는 나를 빤히 보시며 "지금도 대비를 쓰는 이가 있구먼." 하시더니 마치 사라져 가는 동족이나 만난 듯 감격해 하셨다.

요즘 젊은 사람들은 이런 느낌을 전혀 알지 못하겠지만 할아버지와 나는 금세 어떤 애틋한 세월에의 공감을 이 빗자루로 인해 서로 나눌 수 있었다.

나는 오랜만에 말없이도 오랜 세월을 거슬러 그 옛날 우리 마을의 어떤 할아버지를 만난 것 같은 정겨움에 들떠

"할아버지, 호미도 하나 주세요."라고 했더니 할아버지는 호미를 들고 한동안 나를 바라보시며 "어디에 쓰려고?" 하시기에 "화단을 매려고요." 했다.

요즈음 시대엔 이방인 같은 우리의 이 무언의 감격을 아는 이는 아무도 없으리라는 생각을 하니 그날따라 대비를 든 내 모습이 한껏 자랑스러웠다.

그 후에도 나는 몇 차례나 비를 사러 그 가게에 갔다. 그때마다 할아버지는 나를 반겨 주셨다. 할아버지는 내게 고향을 물으시며 내가 왜 대비를 사는지를 알고 싶어 하

신 듯했다.

나는 그 후로도 대비를 쉽게 살 수 있는 곳이라서 비를 사러 자주 갔다. 그날도 비를 사러 갔더니 할아버지가 가게에 안 계셔서 젊은 여인에게 물으니 "그분은 저의 할아버지세요. 그런데 지난달에 돌아가셨어요."라고 말하는 것이 아닌가.

나는 허전한 마음을 가눌 길이 없어 한동안 멍히 서 있다가 비를 들고 돌아섰다. 마치 마지막 사라져 가는 어떤 부족의 최후가 연상되었다. 며칠 전 TV에서 방영한 마지막 남은 TWA족(트와족) 족장의 죽음 같은 절망감이었다. 그날은 대비를 끌며 그냥 힘없이 걸어오는데 어디선가 "오늘도 대비를 사러 왔구먼." 하는 할아버지의 목소리가 들렸다. 나는 냉큼 뒤돌아보았으나 길만 휑하게 뻗어 있었다.

나는 더이상 대비를 사러 오지 않으려 했더니 내 마음을 할아버지가 먼저 보고 계셨던 것 같아 뒤돌아서서 "할아버지, 또 올게요."라고 중얼거리며 할아버지께 미소를 지었다.

지금도 나는 언제 어디서든 대비를 보면 꼭 내가 오래전에 어떤 인연이 있었던 사람을 만난 것 같아 한동안 거기 서서 대비를 바라보거나 아무도 몰래 한 번 만져 보고 간다. 그 투박한 모습에서 오는 순수한 정이라든가 소탈한 생김새가 어쩌면 옛날 고향집 마당에 서 계시던 어머니의 뒷모습 같은 정감을 주는지 알 수 없는 일이다. 그래서 언제 어디서나 대나무 비를 보면 가던 발걸음을 멈추는 것이리라.

올해도 옆집 대나무밭에선 죽순이 우르르 솟아나고 있다. '대나무가 이 땅에서 자라는 한 그리고 내가 살아 있는 한 대나무 비로 마당을 쓸어야겠다.'고 생각하며 쓸쓸히 웃었다.

눈 내리는 날

 종일 쉬지 않고 눈이 내린다. 마음이란 참으로 아름다운 것인가 보다. 아득한 그날 그곳으로 마구 달려가는 마음 따라 길을 나선다. 가난이 동심까지 구길 수는 없었지. 놀이터도 없던 시절 아이들은 그래도 어디서든 눈밭에 뒹굴며 눈보다 하얀 웃음을 웃던 어린 시절. 대나무 조각으로 썰매를 엮어 밀고 당기며 넘어져도 즐겁기만 했던 그 시절이 떠오른다.

아무리 혹독한 추위라 해도 아이들의 꿈을 얼게 하지는 못했지. 그렇게 마을 지붕에 수북이 덮여 초가삼간은 똑같은 모양이 되어 우리들은 언덕에 올라 누구 집은 어디냐고 서로 찾으며 웃었었지. 분별할 수 없이 온 마을은 하나같이 평등했던 그 눈 나라가 떠오른다.

대문을 열면 끝없이 펼쳐진, 꿈도 모르는 아이들에게 막연한 세상을 가슴에 안겨주던 그 거대한 설원을 잊을 수가 없다.

눈이 연이어 내리면 가난한 이웃들을 위해 백 영감님 댁에선 죽을 끓여 불러다 먹이던 하얀 눈 같은 마을 이야기도 사라진 지 오래이건만 그때 그 눈이 내린다. 그렇게 쌓이던 하얀 눈이 종일 내린다.

참으로 오랜만에 보는 눈이다. 소복소복 내리는 함박눈, 참담한 세상에 내리는 하얀 눈이 공연히 미안하다.

순박한 나라에 내려야 할 것 같아 자꾸 미안하다. 꿈속에서도 사라진 눈 덮인 옛 고향이 눈 속에서 자꾸 아른거린다. 아직도 세상은 그리될 수 있는 것처럼 옛날 그 눈, 그대로 소복소복 시간을 거슬리며 내리고 있다.

어디든 걸어보고 싶다. 도시만 벗어나면 어디든 그 설원은 있으리라. 이렇게 자주 눈이 내리면 우리들 마음에도 눈이 덮일까.

점점 메말라 가는 지구. 이 눈도 언제쯤이면 볼 수 없으리라 예언하는 지구종말론자들의 그날이 올지도 모르겠다. 얼마나 삭막한 지구일까? 오늘 이 아름답게 눈 내리는 풍경을 가슴에 담아 두어야겠다.

눈 내리는 날, 창밖을 바라보노라면 어딘가에 산새들이 날개를 접고 앉아 떨고 있는지 희비가 오가는 정념 속으로 소복소복 눈으로 덮여가는 길 없는 눈밭이 환하게 펼쳐진다.

정읍 할머니의 추억

늘 생각하는 것이지만, 인간에게서 가장 인간다운 것이 뭐냐고 누가 묻는다면 나는 서슴없이 '인간의 정'이라고 대답할 것 같다.

내가 철이 들 무렵부터 '정읍 할머니'는 우리 집의 가장 귀한 손님임을 알게 되었다. 어머니가 시집간 마을에서 이 할머니는 정읍이 친정이라서 정읍 할머니라는 호칭이 붙었다고 한다.

　우리 어머니도 고창 산골 석교리가 친정이라서 산이 높은 고을에서 시집왔다고 스스로 고산댁이라는 택호를 지으셨다 한다.

　할머니는 6·25 사변으로 우리가 어려울 적엔 머리에 쌀이며 보리를 이고 오셔서 눈물을 씻으며 마음 아파하셨고, 그 후로 치안이 안정되어 어느 정도 질서가 회복되자 이제 안심이라며 또 우셨다.

　오시면 반갑다고 우시고, 가실 땐 언제 또 볼 수 있겠느냐며 우시고. 하여간 할머니는 늘 어머니 손만 잡으면 우셨다.

　나는 철없는 나이여서였는지 '할머니들은 다 그러는 것인가 보다.'라고 속으로 생각했다. 그분이 가신 지 이미 오랜 세월인데 이제야 나는 사진 한 장이 책 속에 담겨 있어 가끔씩 들여다보다가 전설 같은 이야기를 생각하며 나도 몰래 울먹이곤 한다.

　어머니가 먼 타향 산골로 시집왔을 때 그때 그 할머니

는 그 고을 만석꾼 댁 마님으로 호사스럽게 사셨다 한다. 그럼에도 인정이 많으셨는지, 우리 어머니가 착해 그랬는지, 산골로 시집온 새댁이 안타까워서 그랬는지는 몰라도 모녀처럼 지냈다고 우리 어머니로부터 이야기를 들은 적이 있다.

할머니는 사변 전에 벌써 그 만석꾼 할아버지 댁에서 그 댁 아들들에게 쫓겨나셨다 한다. 할아버지가 돌아가시자 계모로 들어오신 정읍 할머니를 아들들이 내보냈다는 것이다. 그런 이후로는 사건이 완전히 반전되어 이젠 우리 어머니가 울고 또 울고, 할머니가 그 댁에서 쫓겨나신 것을 애통해 하여 위로해 드리려고 닭도 잡고 때로는 비단옷도 지어 두었다가 드리고 한 것을 모르고 있었다.

할머니네 단 하나뿐인 친딸은 우리 집에서 멀리 떨어진 시골에 살고 있었다. 할머니는 그 집에서 나와 딸네에 가서 함께 살 수밖에 도리가 없었다.

후에 안 일이지만, 할머니는 당신을 버리고 간 딸네에 가서 살며 박대를 받는 걸 어머니가 보시고 말만 나오면 어찌 사시는가 하고 또 우셨던 그분들이 내가 이렇게 말년에 이르러서야 참으로 남남인데도 평생을 친모녀 같았던 그 따스한 정이 가슴에 떠오른다.

우리 어머니가 세상을 떠나신 지도 벌써 20여 년이나 지났다. 그분들은 저승에 가서서 또 함께 만나 옛이야기하며 누가 더 많이 눈물을 닦고 있을까 궁금하다.

인간에게서 가장 인간다울 수 있는 것은 인간이 가진 정때문이 아니겠는가. 정이 있어 사람이 사람답게 보이고, 정이 있어 진실이 진실로 인정되고, 정이 있어 타인이 내가 되는 믿음이 생기고, 정이 있어 서로가 서로에게 의지하는 아름다운 의리가 생기는 게 아니겠는가?

가장 순수한 정의 소유자이었던 두 분은 상대의 작은 아픔이 내 큰 아픔보다 더 가슴 아파 그리 우셨던 것을 이제야 할머니 사진을 보며 깨닫고 있다.

그 시대 그 정(情)들은 이제 그분들을 따라 이 지구상에서 영영 사라진 것 같아 마음이 허전하다.

희한한 싸움

 어느 날 외출을 했다가 돌아오니 어떤 이가 우리 집 대문 앞에서 집안을 두리번거리고 있었다. 가까이 와서 연유를 물으니 자기 집 개가 우리 집 마당에서 놀고 있는데 대문이 잠겨서 못 데려가고 서 있노라고 했다.
 나는 문을 열며 들어오라고 했다. 그러자 개는 주인을 보자 달려 나오고 있었다. 나는 그 개를 보는 순간 나도 모르게 그만 분노가 치밀어 이성을 잃고 "이봐요, 당신네 개 좀 묶어 놓고 키울 수 없어요? 앞으로는 우리 집에 오지 못하게 하세요!" 라고 그만 소리를 버럭 질렀다.

여인은 이 갑작스런 내 태도에 놀랐는지 한동안 눈을 크게 뜨고 나를 쳐다보더니 이내 나보다 더 큰 소리로 욕을 하기 시작했다.

"아니 이 여자가 미쳤나. 뭐가 어째? 세상에 발 달린 짐승이 어딘들 못 가? 당신네 집이 뭐 그리 대단해서 개 한 마리 드나들 수 없단 말야?"라며 소리를 질러댔다. 그러자 마을 여인들이 하나둘 모여들기 시작했다. 여인은 마을 사람들에게 오는 족족 나를 미친 여편네라고 마구 소리를 지르며 욕설을 해댔다.

우리는 한 번도 개를 사서 기른 적이 없었다. 누가 기르라고 준 것이라 암컷, 수컷 가려 키우지를 못했다. 그런데 우연찮게도 그동안 내가 키운 개들은 모두 수컷들이었다. 그래서 개의 성별에 대해서 별로 신경을 쓰지 않았는데 그것이 오늘 내 큰 잘못이 되었던 것이다.

어느 날, 눈에 띄인 우리 개가 살이 많이 오른 것 같아 식구들에게 이야기를 했더니 모두 그렇다고 했다. 그래서 살이 찐 줄만 알았는데 알고 보니 개가 드디어 만삭이 되었다. 나는 그때서야 새삼스럽게 우리 개가 미워지기 시작했다. 그날부터 나는 밥을 줄 때마다 주먹으로 개를 구박했다. '아직 조그마한 것이 새끼를 갖다니?' 무언가도 모를 분노가 개를 볼 때마다 치밀었다. 사실은 그동안 큰 개만 길러서 원래 종자가 조그마한 개를 잘 모른 건 내 탓이었다. 체구가 작아 아직 어린 줄로만 알고 있었는데 새끼를 가졌다는 것에 내심 놀란 것인지, 아니면 내내 그냥 순수하기만을 바랐던 것인지 도시 무엇 때문인지도 모를 화가 바둑이만 보면 치솟았다.

그러던 중에 개는 일곱 마리의 새끼를 낳았다. 개라고는 하지만 작은 것이 하도 많은 새끼를 낳아서 나는 정말 당황했다. 그런데 그렇게도 작고 어리게만 보이던 바둑이는 매우 야무지게 새끼를 잘도 길렀다. 그래도 내 노여움은 좀처럼 풀리지 않았다.

한 달쯤 되자 새끼들은 개집에서 나와 재롱을 떨며 돌아다녔는데 신기한 것은 한 어미한테 태어났는데도 일곱 마리 모두가 제각각의 종류와 빛깔이라는 점이다. 그중 한 마리는 꼭 광대같이 생겨 아니 웃을 수가 없었다. 허리는 별나게 긴데다가 다리는 짧고 거기다 귀는 꼭 당나귀 귀처럼 위로 치켜 있어 보기만 해도 절로 웃음이 터져 나와 우리 가족들은 그 개를 광대라는 별명으로 불렀다.

 언젠가 아침에 내가 마당에 나오자 개들이 서너 마리 모여 있기에 나는 아무 생각 없이 개들을 밖으로 몰아낸 적이 있었다.

 그때 그 개들 중에 우리 광대 개와 똑같이 생긴 아비가 있었던 기억이 나서 '저것도 우리 어린 바둑이를 유혹했구나.' 하니 갑자기 화가 치밀어 나도 모르게 주인 여자에게 소리를 질렀던 것 같다.

 나는 묶여있는 어린것을 이렇게 만들었다며 속으로 '요놈들 오기만 해 봐라. 그냥 두지 않을 거야.'라고 벼르고 있던 터라 그만 그 개를 보자 폭발한 것 같다. 그래서 나는 그 화풀이를 개 아닌 주인에게 한 것 같았다.

개는 어느 사이 대문 밖으로 나가 자기 주인 옆에 서 있었다. 그 여인은 동네 여자들이 겨우 달래어 보내는 것 같았다. 하지만 안에 있는 내게 들으라고 아주 큰 소리로 욕을 하면서 멀리 사라져 갔다.

나는 그때야 밖으로 나가 살며시 대문을 열고 보니 주인 여자는 앞서가고 있는데 우리 광대의 아비는 욕쟁이 주인 뒤를 따라가다가 갑자기 휙 뒤를 돌아보며 걸음을 멈추는 게 아닌가. 그리고는 멍히 서서 이쪽을 바라보고 있었다.

나는 비로소 그 개가 왜 우리 집에 왔는가를 알 수 있었다. 제 새끼를 보러 온 모양이었다. 가다가 뒤를 되돌아보는 그 모습을 보니 비정한 인간보다 오히려 아름다워 밉게 생겨서 웃었던 그 광대 새끼를 제 아비 대신 한 번 안아 주었다.

마음에 있는 청산

 참으로 희한한 일이다. 내가 이곳에서 근무한 지도 벌써 몇십 년인데 함께 살아온 담 밖의 산이 오늘에야 겨우 산으로 보이다니 무엇이 그리 나를 눈 멀게 하고, 마음 각박하게 살게 했는지 안타깝다.
 하늘이 하도 푸르러 모처럼 창을 열고 울 밖으로 마음 나들이를 하고 있었다. 문득 담장에 뻗어 있는 칡덩굴에 눈이 머물렀다. 아직도 담 밖은 울창한 숲을 이루고 있었고 청산은 더욱 짙은 녹음을 깔고 있었다.

교정 앞산은 원래는 제법 높은 산이었다고 한다. 그런데 해방이 되면서 학교를 세우려는 뜻있는 분이 산 한쪽을 깎아 학교를 세웠다고 한다.

내가 이 학교에 왔을 때만 해도 산새들이 날아와 시끄럽게 우짖는 바람에 창을 닫아야 말소리가 들릴 정도로 숲이 무성했었다.

그런데 언제부터인가 산비둘기며, 꾀꼬리, 심지어 작은 산새들까지 한 마리도 날아오지 않아 산이라는 생각을 잊고 있었다.

한쪽이 잘린 산은 잘린 대로 아직도 청산을 자랑하고 있는 것을 무엇에 정신을 빼앗겨 담 이쪽 세상에만 신경을 쓰며 살았는지 모르겠다.

그런데 오늘 보니 담 하나를 사이에 두고 이쪽은 속세이요 저쪽은 청산이 아닌가. 그것도 철망 울타리라서 서로의 세상이 빤히 보이는데도 왜 그리 청산은 내게서 멀리만 있었던가.

새삼 깊은 도를 깨우친 석가의 경지처럼 나도 눈이 뜨이는 것은 아닌가 싶어 마음이 동요되기까지 했다.

더구나 해마다 그쪽에서 이쪽으로 죽순이 마구 밀고 나와 이쪽까지 침범해 버리면 길이 좁아지곤 했다. 그러면 질세라 또 모조리 잘라도 얼마 가지 않아 우르르 또 뚫고 나오니까 아예 시멘트 담으로 막아버려서 내가 더 산이라는 생각을 잊고 있었던 것 같다.

예전에 내가 살던 마을 뒤쪽에도 우람한 산이 마을을 에워싸고 있었다. 어릴 때 그 산은 마을 꼬마들의 꿈이 되기도 했다. 어른들은 봄이면 그 산으로 꽃놀이를 갔지만 아이들은 도저히 오를 가망이 없어 바라만 보다 포기해버렸던 그 산.

하지만 아이들은 금세 자라 이른 봄이면 진달래를 꺾으러 몰려갔고 가을이면 머루가 채 익기도 전에 그 험준한 산에 올라 높은 가지에 매달린 다래를 따려고 칡덩굴을 휘어잡다 미끄러져 옷이 찢기기도 했고 무릎이 깨지기도 했었다. 그래서 칡덩굴을 보면 언제나 고향 산처럼 높고 험준한 산만 연상되었나 보다.

그때 그 고향의 칡은 지금도 제 습성대로 높은 가지에 오르며 살고 있을 텐데 이렇게 달라진 세상에서 고향을 상실하고 야산에서 살고 있는 걸 보니 담 밖 칡덩굴이 측은했다.

요즈음 세상에 도시 어느 곳에서 죽순인들 쉽게 자랄 수 있겠는가 싶어 속마음으로 인간들의 이기심에 냉소를 했다.

담 저쪽으로는 울창한 숲이 우거져 있었다. 한 치만 높이 올라서서 보면 담 밖이 바로 청산인데 나는 왜 늘 먼 고향 뒷산만 청산으로 그리워 했을까. 산이 접해 있어도 매일 이쪽은 인간사에 매달려 담 너머 청산을 바라볼 마음의 여유가 없었으니 마음의 눈을 가리면 무엇인들 보이겠는가.

새소리가 시끄러울 때도 새소리를 못 듣는 아이들이 얼마나 많았던가. 더구나 칡꽃이 담장에 주렁주렁 매달려 있어도 누구 하나 칡꽃을 아는 아이들이 없는 현실에서 담장 위의 칡꽃은 그동안 얼마나 좋은 학습 자료이었는지 모른다. 아이들은 내가 "이것이 칡꽃이야?" 하면 아이들은 놀라며 "칡꽃은 산에 피는 게 아니래요?" 하고 물었다. "그래. 여기 이 담 넘어가 산 아니니?" 하면 그때서야 "맞아요. 참 여기가 산이네요."

아이들은 도심에 덜렁 남은 한쪽 산은 산이 아닌 줄 알고 있었다. 어떤 아이는 칡은 나무인 줄 알았다기에 그건 덩굴의 밑동이 굵어진 것이라며 칡에 대해 한동안 얘기하곤 했다.

칡은 지금도 자기 영토라서 끝내 높은 나뭇가지로 뻗어 오르며 옛 모습을 찾으려 하는데 해마다 그것을 잘라내며 그 영토를 빼앗는 이쪽 사람들에게 저쪽에서는 뭐라 하며 소리 없이 살아가고 있을까?

울안에 살고 있는 우리들 중에 몇이나 울타리 하나를 사이에 둔 저 아름답고 평온한 산이 곁에 있음을 느끼고 있을지 새삼 안타까웠다.

동반자

    어느 모임에서 '신발'이라는 소재로 글을 쓰기로 했다. 순간 아찔했다. 세상에 와서 가장 오랜 동반자를 한 번도 생각해 본 적이 없기 때문이었다. 그동안 그토록 친숙한 동반자를 잊고 살아왔다는 생각을 이 나이 되어서야 겨우 했다는 게 스스로 우스웠다.
    내 신발은 어릴 적부터 지금까지 나와 함께 살아왔다.

어린 시절의 미투리부터 현대의 기고만장한 스타일의 변천까지. 어디 그뿐인가. 길도 험난한 오랜 세월, 신발도 온갖 역경을 다 겪었으니 그도 실로 나의 인생길만큼이나 어려운 삶을 살아온 것이다.

시대의 변천에 따라 또 내 나이에 따라 비록 모양은 달라졌지만 나와 동행하며 내 삶의 발자취를 지켜본 유일한 동반자인 내 신발.

어머니의 신발은 어머니와 더불어 살다가 저승까지 따라갔고, 내 신발은 아직 나와 함께 온갖 곳곳을 다 따라다니며 살고 있다. 얼마 있다가 어머니처럼 내가 세상을 떠나게 되면 그 날로 저도 삶을 포기할 터이니 평생을 내가 몸 바쳐 살아온 우리 남편보다 제 몸을 내게 바친 네가 더 나와 가까운 동행이 아니겠는가. 그런데 지금까지 동반자라 하면 주변 인물이라고만 여겼으니 한심하다. 그러고 보니 나는 새삼 내 신발이 두렵다. 매일 나를 따라다니며 선악의 양심을 들여다보는 것 같아서이다.

가지 않아야 할 곳을 내가 갈 때 분명 그가 한마디했을 것이다. 그러다가 지쳐 죽고 마는 일도 다반사였으리라.

그럼에도 오히려 왜 이리 불편하냐며 짜증내고 또 벌써 모양이 구겨졌다며 미워하고 언제나 불평을 늘어놓았다.

그나마 남처럼 가볍기나 하면 그도 고통이 조금은 덜 하련만 무거운 체중으로 억누르면서도 망가진 모양이 네 탓이라고 채근을 해도 아무 말 없이 그는 운명을 진짜 운명으로 받아들이며 살아간다.

무엇이든지 의미를 부여하면 의미가 되는 것이겠지만 이 세상에서 가장 유일한 동반자라는 사실을 새삼 느끼고 나니 이제 조금은 미안한 생각이 든다.

동반자가 어디 사람뿐이랴. 세월이랑 너랑나랑 이렇게 얽혀 살아가면서 왜 나는 늘 나만 생각하는지 모를 일이다.

희비의 갈림길, 석양

　모처럼 겨울날 석양 하늘빛이 곱다. 내 집 아파트 뒤 안으로 석양은 언제나 지나간다. 오늘도 예외 없이 석양이 와서는 천천히 지나가고 있다. 이 별난 세상에서 아직도 제 빛을 잃지 않은 저 황홀한 노을을 볼 수 있다는 건 참으로 다행하다.

　한데 요즈음 환한 내 집 뒤 베란다에 언제부터인가 두

어 시간씩 그늘이 일찍 들기 시작했다. 알고 보니 새로 지은 건물 한쪽에 해가 걸려 빛을 가린 것이다. 시간을 재어 보니 두어 시간이 조금 덜 되는 것 같아서 싸울 용기를 포기해버렸다. 계란으로 바위 치기지 내가 항의한다고 해서 저 용맹스러운 시멘트 건물이 낮아질 까닭이 없지 않은가.

하니 오래 잊었던 고향집이 다시 그리워진다.

제발 마지막 햇살까지 하나도 거르지 않고 저무는 하늘빛을 다 보고 싶은데 도시라는 형상으로 저렇게 가리고 있으니 고층 없는 전원이 얼마나 그리운지. 내 짧은 여생은 고향으로 가서 어머니 모습으로 살고 싶었는데 요즈음엔 더욱 간절하다. 내 소망이 이루어지리라는 기대는 단일 퍼센트의 가능도 없어 나는 그저 고개를 내밀고 노을을 바라보느라 발돋움하다가 그만 지치고 만다. 찰나인 것을 그나마 당기고 있으니 그지없이 안타깝다.

대체 왜일까? 나는 참 오랫동안 어찌해 석양을 이렇게 못 견뎌 하는지 알 수가 없다. 어째서 석양이 이리 슬픈 것인지?

내일도 태양은 그대로 솟는데 언제나 같은 느낌이니 몹시 힘이 든다.

하지만 이젠 이 집은 내 집이고 얼마 남지 않은 여생, 내가 정착해야 할 곳은 여기인데, 지금도 해질 무렵이면 방황하는 이 심사를 알 수가 없다. 대체 이 감정은 어쩌면 이렇게 오래도록 변하지 않는 것일까?

빛과 어둠, 삶과 죽음의 경계라서 피할 수 없는 필연의 슬픔이 예감된 것은 아닌가. 석양이란 알 수 없는 교차로이다.

나무에 종일 앉아 놀던 새들도 해설피엔 꼭 가야 하는지 다들 어디론가 날아가고, 하찮은 미물도 꿈틀대는 걸 보면 석양이란 자아로 가는 귀향이거나 내일로 가는 영원한 이별인가 보다.

석양이란 갈림길이라서 애석한 마음인 것 같다. 오늘과 내일의 기로. 갈림길이란 언제나 아쉬운 것. 이별은 쉬어도 만남은 어려운 것. 그래서 이리 당황하는지도 모른다. 귀향이란 방황의 귀착이기도 하지만 영원한 보금자리일 수도 있지. 하여간 착잡한 석양이라서 하루를 맺는 순간이 이리 서글픈가 보다.

아름답다는 것은 언제나 슬픔을 동반한다. 그 예쁜 꽃밭에 서 있어도 어째서 눈물이 핑 도는 것일까? 달 밝은 밤, 갈대밭 풍경에 왜 눈물이 글썽거리는 걸까? 눈물이란 한 점순수의 절정이라 하더니 정말 형언할 수 없는 그 찬란한 아름다움에 어찌 무감각할 수 있겠는가.

그러고 보면 하루가 그 아름다움 속으로 묻히는 희비의 노을을 감당 못하는 내 순수한 감정도 당연한 것이리라.

이젠 감정을 감당할 때도 지났건만 아직도 이리 당황하는 마음이 있으니 조금은 더 살아야 할 것 같다고 푸념이라도 해야겠다.

비정한 이별

　갑작스럽게 일어난 일이라서 단 하루 사이, 아니 더 정확히 말하자면 하룻밤 사이에 일어난 일이라서 나는 주인의 속내를 잘 모를 수밖에 없다.
　주인은 밤내 나를 어루만지기도 하고 그동안 이사 다니며 긁힌 내 뺨 자국을 쓰다듬기도 하면서 연신 한숨을 내쉬었다.

주인은 밤이 깊도록 TV를 켜 놓은 채 내게 기대앉아서는 오로지 내게만 관심을 두고 있었다.

그날 저녁 우리는 평소보다 오래 함께 있었지만 나는 어떤 눈치도 알아차리지 못했다.

새날이 밝아서도 나는 주인의 뜻을 가늠하지 못해 초조하기만 한데 주인은 평소대로 오후의 외출을 하고 있었다.

몇 시간 뒤의 운명도 짐작하지 못한 나는 빈 공간에 하릴없이 앉아 오직 일념으로 주인을 기다리고 있을 때 황급히 문이 열리고 주인은 평소처럼 핸드백을 옆에 놓고 외출복도 벗지도 않은 채 털썩 주저앉았다.

그리고는 "이제 마지막 이별이구나. 다시 만날 순 없을 거야. 무슨 인연으로 만나 이리 오래 밤낮 붙어살 수 있었단 말이냐. 고맙다. 외로울 때 네게 의지하면 그렇게도 평안하게 잠재워주던 너를 이렇게 보내야 하는 인정머리 없는 나를 너도 이후로는 기억도 하지 말거라."라며 울먹였다.

채 말이 끝나기도 전에 이게 웬일입니까? 키가 큰 젊은이 둘이 용감하게 들어서더니 다짜고짜로 나를 치켜들더니 문밖으로 나가는 게 아닌가. 그러더니 아파트 저쪽 한 켠으로 가더니 나를 사정없이 내리쳐 놓는다.

　나는 정신을 잃고 있다가 어리둥절해서 사방을 살피니 내 옆 짝도 그 힘센 두 젊은이에게 불끈 들려 내 곁으로 오더니 나랑 똑같이 버려졌다.

　급박한 상황이 어이없긴 하지만 그래도 무슨 연유인지 주인을 어서 만나고 싶었다. 한참 동안 기다리며 내가 거의 절망에 빠질 때쯤 해서 주인이 걸어오고 있었다.

　주인은 그 낯선 남자들에게 수고했다며 대가를 지불하는 것 같았다. 그리고는 경비실 아저씨에게 "우리 집에서 버린 거예요."라며 마치 시원하다는 듯이 유쾌하게 말하는 게 아닌가.

　'이것으로 주인과 나의 관계는 끝이로구나. 당신은 인간이니까 그럴 수도 있겠네요.'라고 한마디하고 싶었지만 옆에 있는 짝꿍이 말렸다.

　"있지, 그래도 우리는 오래 같이 행복했잖아? 이렇게 구겨진 모습의 우리들을 그래도 우리 주인은 끝내 버리지 않고 무던히 참으며 함께 살았지 않니. 우리 얼굴을 봐. 이렇게 찌들고 구겨지고 흠이 난 것을 늘 닦아 주고 편안히 우리랑 함께 누워 온갖 이야기 다 들려주던 아름다운 기억을 해봐."

나는 작은 짝꿍의 말을 들으며, 넌 내 반쪽도 안 되는 작은 체구로 어찌 그리 세상사를 잘 알고 있느냐고 한마디 하고 싶었지만 이미 끝난 일, 아무 소용이 없음을 나도 모르는 바는 아니어서 그만 입을 다물었다.

나는 남은 하루의 끝자락에 있는 햇살을 바라보며 몹시 서글펐다. 오래오래 주인과 더불어 살며 기쁨도 슬픔도 함께 나누었던 보금자리였는데, 아니 지금도 내 옷엔 주인의 체취가 풍기고 있는데 난 오늘 느닷없이 이렇게 버림을 받은 것이다.

어느덧 밤은 서서히 서쪽 하늘에서 물려오고 아파트엔 불빛이 하나 둘 켜지고 있었다. 나는 밤이 두려웠다. 원래 실내에서만 살도록 만들어진 체질이라서 버려지는 상황이 아닌 바엔 나는 거의 밖으로 나올 일이 없었다.

오직 실내에서만 지낸 터라 자꾸 두려워 주인이 기다려졌다. 하지만 모든 것이 끝났다는 것을 모를 리야 있겠는가. 한 번쯤 나와서 이 상황을 이겨낼 수 있는 따뜻한 이별이 있으리라는 바보 같은 기대로 무서움은 조금 누그러지고 있었다. 옆 짝꿍은 내게 기댄 채 여전히 아무 말도 하지 않았다. 역시 생김처럼 하는 짓도 당차 보였다.

잠은 오지 않고 나는 헛된 망상에 사로잡혔다. 내 자리에 있을 낯모를 친구가 궁금해서다. 무엇이나 새것은 다 예쁘고 귀여운 것이지.

내가 처음 주인댁에 온 때가 생각난다. 주인은 많은 친구들을 제치고 나를 보면서 "참 튼튼하네요. 색깔도 은은해 좋고요." 그렇게 칭찬했었는데 최근 들어 가끔씩 불평하는 소리를 들었다. 하긴 세월이 이리 흘렀는데 당신의 얼굴도 세월의 급류가 흘렀거늘 어찌 나만 원망하는 것인가.

한쪽으로 기울어져 앉기가 불편하다느니, 천갈이도 해야 되겠다느니, 하며 '어떻게 하지?'라고 혼자 걱정하는 말은 들었어도 이렇게 예고 없이 일이 쉽게 진행되고 있는 줄은 정말 몰랐다.

  원래 우리 주인은 성질이 좀 급해서 낮잠도 잘 안 자는 사람이라는 건 알았지만 일처리까지 이렇게 성질대로 할 줄은 몰랐다.

  하긴 나 같은 게 어찌 사람에게 큰일이나 되는 것이랴. 밤새 두려움과 원망으로 지새우고 동이 틀 무렵에야 겨우 무서움이 가셔 막 잠이 들까 하는데 얼굴에 빗방울이 뚝뚝 떨어지는 게 아닌가? 얼마나 당황이 되던지.

  비를 맞아 본 적이 없었던 내 평안한 지난날에 새삼 감사했다. 폭풍 속에서도 아무 염려 없이 살아왔던 지난날들이 고마워 주인에 대한 원망은 그만 접기로 했다. 지난 일이라 해서 은혜를 잊는다면 나도 너와 다를 것이 뭐 있겠는가 싶었다.

  비는 시간이 흐를수록 더 억수로 쏟아졌고 나는 더이상 젖지 않으려 할 것도 없이 살 속까지 스며들어 이젠 울 수도 없는 젖은 얼굴로 차라리 기억마저 깨끗이 씻어버리고 싶었다.

주인은 언제 외출을 했는지 빗속을 헤치며 걸어오고 있었다. 나는 정신이 번쩍 들어 젖은 눈을 껌벅거리며 주인의 얼굴을 바라보고 있을 때 주인의 발길이 내게로 가까이 오고 있었다.

나는 그만 왈칵 눈물이 쏟아졌지만 주인은 다만 빗물밖엔 볼 수 없으리라는 생각이 채 끝나기도 전에 주인의 말이 귀에 들렸다.

미안해. 이것이 세상사란다. 버려지는 것 말이야. 제게 필요 없으면 누구든 뭐든 버려. 넌 모르고 있었지. 하지만 너랑 살아온 세월로 나도 정이 들어 마음이 아프다. 아이들이 뛰놀던 곳, 나 고단할 때면 으레 편히 쉬라던 네 무릎을 어찌 잊겠니? 이렇게 비까지 맞고 있을 줄은 몰랐지. 미안해.

나는 눈물이 범벅이 된 얼굴로 주인의 얼굴을 마지막으로 봤다.

이튿날 나는 나보다 아주 험하게 생긴 낡은 고물 차에 실려 오래 살아온 참 평안하게 살아온 그곳과 주인을 하직했다.

　목숨이 없어도 종말은 있는 법.
　다만 엄살을 부리지 않을 뿐이지.

　내 이름은 소파랍니다.

· 후기 ·

 어쩐 일인지는 몰라도 줄곧 시인이 되고 싶어 시만 쓰게 되었다. 그렇게 살다가 뒤돌아보니 시집만 몇 권 출간했다.
 이제 나이 들어 펜을 놓으려고 마음을 정리하다 서랍에 쌓인 습작 노트를 보니 시간을 초월해 내 인생들이 거기 모여 있었다. 즐거웠던 이야기. 마음 아픈 이야기들이 더러 모여 쉬고 있었다.
 서랍을 열고 태어나려면 누군가의 호흡을 받아야 하는데 거기서 햇볕도 없이 아예 어둠에 잠들어 버렸다.
 어차피 이별인데 이제라도 끝을 짓고 싶어 모두 깨워 여기 실었다. 그래서 되도록 수정 없이 그때 그 이야기에 호흡을 불어 넣었다. 비로소 우리들은 그때의 기쁨과 슬픔을 서로 안고 이별을 하게 되는 셈이다.
 무엇이 그리도 바빠 이렇게 나붓나붓 서로들 아름다운 이야기를 나누지 못했는가 이제야 안타까운 생각이 든다.

우리 모두 살다 되돌아가면 인간의 편견으로 시와 산문도 영원한 과제로 존재할 것 같은 안타까움을 안고 끝을 맺는다.

                                      2022년 여름 어느 한 날
                                                  배환봉

배환봉 수필집

베란다의 봄

인쇄 2022년 9월 19일
발행 2022년 9월 23일

지은이 배환봉
발행인 서정환
펴낸곳 수필과비평사
주소 서울시 종로구 삼일대로 32길 36(익선동 30-6 운현신화타워 빌딩) 305호
전화 (02) 3675-3885 (063) 275-4000
팩스 (063) 274-3131
이메일 essay321@hanmail.net
출판등록 제300-2013-133호
인쇄·제본 신아출판사

저작권자 ⓒ 2022, 배환봉
이 책의 저작권은 저자에게 있습니다. 서면에 의한 저자의 허락없이 내용의 일부를
인용하거나 발췌하는 것을 금합니다.
COPYRIGHT ⓒ 2022, by Bae Hwanbonge
All right reserved including the rights of reproduction in whole or in part in any form.
저자와 협의, 인지는 생략합니다.
잘못된 책은 바꿔 드립니다.

ISBN 979-11-5933-361-3 (03810)
값 14,000원

Printed in KOREA

※ 이 책은 전라북도 문화 관광재단 지역 문화 예술육성 지원금을 지원받아 발간되
   었습니다.